LA DÉVOTION AUX NEUF CHŒURS DES SAINTS ANGES
ET EN PARTICULIER AUX SS. ANGES GARDIENS

HENRY-MARIE BOUDON

ALICIA ÉDITIONS

TABLE DES MATIÈRES

À NOTRE-DAME DES ANGES — 1
À MON BON ANGE GARDIEN — 3
EXHORTATION À L'AMOUR ET À LA DÉVOTION
DES SAINTS ANGES — 6

PREMIER TRAITÉ

PREMIER MOTIF — 19
Les perfections admirables de ces sublimes Intelligences.

DEUXIÈME MOTIF — 23
Les bontés incomparables de ces Esprits d'amour.

TROISIÈME MOTIF — 27
Tous les saints Anges sont au service des hommes.

QUATRIÈME MOTIF — 30
Tous les hommes sont assistés des saints Anges.

CINQUIÈME MOTIF — 34
Les saints Anges font tout ce qui se peut faire pour le bien des hommes.

SIXIÈME MOTIF — 39
Les saints Anges nous assistent dans les choses temporelles.

SEPTIÈME MOTIF — 44
Les saints Anges nous rendent de grands services pour l'éternité.

HUITIÈME MOTIF — 49
La protection des saints Anges contre les démons, particulièrement au sujet de leurs différentes tentations, dont il est ici traité.

NEUVIÈME MOTIF — 78
Les grands secours que les saints Anges nous donnent à l'heure de la mort, et après la mort.

DIXIÈME MOTIF — 81
La dévotion des saints Anges est une marque d'une haute prédestination.

ONZIÈME MOTIF — 85
La gloire de la très-sainte Vierge.

DOUZIÈME MOTIF — 88
Dieu seul.

SECOND TRAITÉ

PREMIÈRE PRATIQUE — 97
Avoir une dévotion singulière aux Anges, Archanges et Principautés.

DEUXIÈME PRATIQUE — 107
Honorer particulièrement les Puissances, les Vertus et les Dominations

TROISIÈME PRATIQUE — 110
Avoir de profonds respects et des amours extraordinaires pour les Trônes, Chérubins et Séraphins.

QUATRIÈME PRATIQUE — 116
Avoir une grande dévotion à saint Michel, à saint Gabriel, à saint Raphaël, et aux autres quatre Anges qui sont auprès du trône de Dieu.

CINQUIÈME PRATIQUE — 120
Converser intérieurement avec les saints Anges.

SIXIÈME PRATIQUE — 127
Faire des neuvaines en l'honneur des neuf Chœurs des Anges.

SEPTIÈME PRATIQUE — 131
Prendre de certains jours tous les mois et toutes les semaines, pour honorer plus spécialement les saints Anges, et célébrer les fêtes avec tous les respects possibles.

HUITIÈME PRATIQUE — 138
Visiter les églises ou oratoires qui sont consacrés à Dieu en l'honneur des saints Anges.

NEUVIÈME PRATIQUE — 141
Avoir une grande confiance en la protection des saints Anges, et recourir à eux en tous ses besoins corporels ou spirituels.

DIXIÈME PRATIQUE — 146
Travailler à la conversion des âmes et à leur soulagement dans les flammes du purgatoire, en l'honneur des saints Anges.

ONZIÈME PRATIQUE — 152
Pratiquer quelque vertu, ou s'abstenir de quelque vice en l'honneur des saints Anges.

DOUZIÈME PRATIQUE — 156
Procurer par toutes sortes de voies l'établissement de la dévotion des neuf Chœurs des saints Anges.

CONCLUSION DE CE PETIT OUVRAGE, PAR LE DESSEIN D'UNE ASSOCIATION EN L'HONNEUR DES NEUF CHŒURS DES ANGES — 160
ORAISON AUX NEUF CHŒURS DES SAINTS ANGES — 166
ADDITION — 168
LITANIES DES SAINTS ANGES — 170
PRIÈRE À TOUS LES ANGES — 173

À NOTRE-DAME DES ANGES

Grande Reine du Paradis, Souveraine des bienheureux esprits qui jouissent d'un repos éternel et d'une félicité incompréhensible : prosterné à vos pieds, le lieu de tout secours, où les plus grands pécheurs trouvent leur refuge, les plus persécutés leur asile, les plus affligés leur consolation, les plus faibles leur appui, les plus abandonnés une puissante protection : pieds sacrés, où l'infidèle rencontre la foi, l'hérétique la soumission à la sainte Église catholique, le pécheur sa conversion, le tiède la ferveur, l'aveugle la clarté, et l'impuissant la vertu et la force, le juste la véritable sainteté : pieds glorieux, où les âmes les plus éminentes puisent les plus belles lumières du Paradis, apprennent les plus pures maximes de Jésus-Christ, Dieu, votre Fils, s'instruisent des plus solides vérités de la religion, sont embrasées des plus vives flammes du pur amour et se trouvent revêtues d'une justice consommée : aimables pieds, où je veux vivre et mourir comme aux pieds de ma bonne et fidèle Maîtresse : prosterné, dis-je, à vos pieds, ô ma puissante Protectrice ! Je vous offre et vous y donne, je vous y dédie et consacre ce petit ouvrage, tout dédié et consacré en l'honneur de tous les neuf Chœurs des Anges, vos fidèles sujets, et les illustres princes de votre divine cour. Comme vous êtes leur aimable princesse, leur auguste impératrice et glorieuse Dame, c'est avec justice que je dédie à vos grandeurs ce qui regarde leurs intérêts et ce qui touche leur gloire : et puis, ma sainte Dame, vous savez que je n'ai rien qui ne soit à vous ; c'est une vérité qu'il m'est doux de répéter et de publier hautement en toutes sortes d'occasions, tenant à un honneur incomparable la qualité de votre serviteur, que je veux conserver inviolablement, et que je préfère de toute l'étendue de mon cœur à tout ce qu'il y a de plus grand et de plus glorieux sur la terre. Bénissez, ô la toute sainte, ce petit ouvrage de vos plus saintes bénédictions, y étant intéressée comme à une chose qui vous appartient et qui est toute à vous. Obtenez une onction de grâces pour ceux qui le liront : faites, en vertu de Jésus, votre fils bien-aimé, qu'il serve à établir et accroître la dévotion à tous les Chœurs des Anges ; pour l'honneur et la gloire de Dieu seul, notre principe et notre unique fin en toutes choses.

Dieu seul, Dieu seul, Dieu seul.

À MON BON ANGE GARDIEN

Mon seigneur et fidèle guide de ma vie, quand je pense à ce que vous êtes, à ce que je suis, à mes ingratitudes, à vos incroyables bontés, mon esprit se trouve comme dans un abîme : je ne sais que devenir et je ne puis que dire : Vous êtes une belle intelligence de la bienheureuse éternité, un pur Esprit, un Esprit tout de lumière et de clarté, un Esprit du pur amour, un grand prince de l'Empyrée et l'un des grands rois du Paradis ; et je ne suis que poussière et que cendre, qu'un chétif morceau de boue, qu'un misérable aveugle, qu'un très grand pécheur et le dernier de tous les pécheurs. Je reconnais en votre sainte présence, et je le veux dire devant tous les hommes et le donner au public, que je me vois non-seulement mériter la dernière place de la terre, mais la dernière place de l'enfer ; je me vois au-dessous de tous les démons et me reconnais pour la dernière créature de tout le monde.

Cependant vous voulez bien aimer une telle créature ; vous voulez bien vous appliquer avec soin à tout ce qui la regarde, vous voulez bien l'assister dans tous ses besoins intérieurs et extérieurs, vous voulez bien la défendre contre tout ce qui lui est opposé ; vous voulez bien la soutenir contre la puissance de l'enfer ; vous voulez bien, le conçoive qui pourra, l'accompagner inséparablement, lui tenir compagnie sans la quitter, et vous prenez plaisir à l'accabler de vos bienfaits, nonobstant tous ses mépris, toutes ses infidélités et toutes ses ingratitudes. Après l'amour de Jésus et Marie, qui a jamais ouï parler d'un tel amour ? Il faut bien dire que c'est l'amour incomparable en sa constance, en sa fidélité ; que c'est l'amour le plus désintéressé qui fut jamais ; l'amour le plus doux, le plus patient et le plus charitable ; l'amour le plus miséricordieux, le plus libéral, le plus fort et le plus généreux.

Grand prince, pourquoi m'aimez-vous de la sorte ? Pourquoi n'y a-t-il pas un seul moment de ma vie qui ne soit marqué de quelqu'un de vos bienfaits ? Ô mon âme ! Il t'est bien doux de penser à ces coups de miséricorde qu'a faits pour toi ce cher prince de ta vie. Il t'est bien doux de te souvenir comme il t'a délivré de l'enfer, des grâces qu'il t'a obtenues, des secours indicibles qu'il t'a donnés en toutes sortes de choses, des soins amoureux qu'il a pris de tout ce qui regarde le temporel et le spirituel. Mon seigneur, que vous rendrai-je pour tous ces biens ? Ah ! Je vois bien qu'il m'est impossible de dignement reconnaître vos excessives faveurs. Quand je vous remercierais autant de fois que je respire, ce ne serait pas grand-chose ! Ô mon âme, que devenir donc ici ? Entrons dans les puissances du Seigneur, et prenons dans le cœur sacré de Jésus et de Marie une digne reconnaissance de tant de bontés. Quand nous aurions tout pensé et tout dit, ce ne serait pas assez ; quand nous aurions donné notre vie pour un prince si obligeant, nous ne pourrions pas lui satisfaire, ayant été remplis de toutes sortes de biens par sa faveur et délivrés de toutes sortes de maux.

Mais, aimable prince, les paroles donc me manquant et les forces, je veux vous parler par le précieux cœur de l'adorable Jésus et de sa très digne Mère. Hélas ! Je sais bien que je ne puis pas entendre les paroles ineffables de ces divins Chœurs ; mais au moins tout ce qu'ils vous diront à mon sujet, c'est tout ce que je veux vous dire. Tous les remerciements qu'ils vous feront, ce sont les actions de grâces que je veux vous rendre et que je ne puis. Qu'à jamais ils soient la juste récompense de vos services et la belle reconnaissance de tous vos amours. Après cela, mon cœur prend une résolution inviolable de vous aimer de la bonne manière. Mon seigneur, donnez, s'il vous plaît, votre bénédiction à ces bons désirs et à la sincère volonté qu'il a de vous honorer par toutes les actions de sa vie en Dieu seul et pour Dieu seul, voulant vivre votre serviteur, et le serviteur de tous les neuf Chœurs des Anges, le reste de mes jours. Notre sainte Dame sera bien aise que son serviteur soit aussi le vôtre, soit aussi serviteur de tous les autres princes du ciel vos semblables, et que toute sa vie soit une vie qui vous honore tous avec elle, dans tous ses instants et jusqu'au dernier moment de la mort, et dans toute l'éternité, et que tous mes jours soient comme autant de fêtes de tout le Paradis.

Présentez, cher gouverneur de mon cœur, cette résolution que vous savez qu'il y a longtemps que j'ai prise, avec ce petit ouvrage, à toutes les trois hiérarchies, à tous les neuf Chœurs angéliques, aux aimables Séraphins, aux savants Chérubins, aux glorieux Trônes, aux puissantes Dominations, aux divines Vertus, aux Puissances redoutables, aux sacrées Principautés, aux saints Archanges, aux charitables Anges ; et dites-leur là-dessus ce que vous savez bien dire à votre mode angélique et ce que je ne pourrais pas. L'offrande d'une chétive vie comme la mienne et de ce petit ouvrage est bien indigne de leur mérite ; mais suppléez à mes misères et à mes défauts. Venant de votre main, d'une main angélique, elle ne pourra qu'être bien reçue des Anges. Dites-leur encore que mon cœur a bien d'autres désirs de les honorer et aimer, et qu'il voudrait tenir tous les cœurs des hommes pour les donner à tous les Chœurs des Anges, pour être ensuite donnés sans réserve au cœur tout aimable de Jésus et Marie, où il n'y a et il n'y a jamais eu que Dieu seul. C'est ce Dieu seul, ô le plus fidèle, le plus constant et le plus aimable de mes amis, que je désire par tous ces désirs ; mais, mon seigneur, encore une fois, pour un si digne sujet, votre sainte bénédiction pour tous les jours de ma vie et au moment redoutable de ma mort. Ainsi soit-il, ainsi soit-il. Dieu seul, Dieu seul, Dieu seul : la fin de toutes les dévotions à la très-sainte Vierge, aux Anges et aux Saints ; et que je désire honorer incessamment dans tous les honneurs que je leur rends.

EXHORTATION À L'AMOUR ET À LA DÉVOTION DES SAINTS ANGES

La *science du sage,* dit le Saint-Esprit, en l'*Ecclésiastique,* est semblable dans son abondance à l'inondation des eaux, car il est vrai que comme nous voyons les terres et les campagnes toutes couvertes et ensevelies par le débordement des fleuves ou des mers, de même l'esprit du Chrétien, divinement éclairé par la lumière de la foi, en laquelle se rencontre la science du sage, et sans laquelle il n'y a point de véritable sagesse, se trouve quelquefois environné de tant de clarté, qu'il faut nécessairement qu'il s'y perde, et à raison de leur multitude, et à raison de leur grandeur. Cette vérité parait d'une manière merveilleuse en la connaissance que le Christianisme nous donne des saints Anges ; et c'est en ce sujet qu'il faut dire que la science de l'amour et de ces Esprits admirables est une sacrée et divine inondation. Pour peu que l'on y pense comme il faut, une infinité de raisons qui viennent en foule se présenter à l'esprit, l'accablent sous leur force et leur multitude : à dire le vrai, c'est comme un abîme où l'on se perd amoureusement. L'on découvre tant de motifs et tant de raisons pour aimer ces Esprits tout d'amour, et tous ces motifs sont si touchants, toutes ces raisons si pressantes, que l'on ne sait ni où l'on en est. On veut les dire, parce que le zèle de leur dévotion en presse, et on ne peut les déclarer. C'est le propre des grandes choses de ne pouvoir être exprimées. Ces lumières causent, en l'âme qui aime, une espèce de martyre ; c'est une chose étrange que son amour multipliant ses lumières, et ses lumières augmentant son amour ; à force de la faire aimer, elle se trouve en quelque manière dans l'impuissance d'aimer, parce que l'amour portant l'âme à faire connaitre le sujet aimable de ses affections, la grande connaissance qu'elle en a, lui ôte le pouvoir de faire voir combien il est aimable. Elle est ravie de savoir que les motifs qui peuvent engager saintement les cœurs à aimer les bons Anges, sont inexplicables ; et c'est une pensée qui donne à son esprit une satisfaction bien douce ; car c'est beaucoup dire de ces sublimes intelligences, lorsqu'on dit qu'on ne peut jamais assez dignement déclarer leurs mérites. Mais après tout, l'amour est un feu que l'on ne peut cacher ; il faut tôt ou tard qu'il paraisse ; s'il en coûte pour parler de la dévotion aux saints Anges, il en coûterait beaucoup plus encore pour n'en rien dire.

Il faut donc le dire en un mot : tous les motifs possibles, toutes les raisons imaginables nous pressent d'aimer ces Esprits d'amour, et de telle manière que je soutiens qu'il faut, ou n'avoir plus d'esprit pour raisonner, ni de cœur pour aimer ; ou qu'il faut demeurer d'accord qu'il n'y a rien de plus juste que la dévotion aux saints Anges, et qu'on les doit aimer à quelque prix que ce soit. Aussi l'ai-je toujours dit : pour moi, je ne crains point de ne pas aimer les saints Anges (l'on suppose toujours le secours de la Grâce), car c'est ce qui me semble impossible ; mais j'ai peur de ne les pas aimer assez. Dieu y oblige de son côté, et la créature du sien ; en peu de paroles c'est tout dire. Si vous regardez Dieu, il faut aimer les Anges : si vous regardez la créature, si vous vous regardez vous-même, il les faut aimer. Le pur amour l'ordonne, l'amour intéressé l'exige, Dieu seul le veut, la très-sacrée Vierge, et tous les saints le désirent ; notre plaisir, notre propre satisfaction, notre propre intérêt le demandent.

Si vous êtes à Dieu seul, il faut être aux saints Anges ; si votre amour est mêlé de vos intérêts, il vous oblige d'avoir de la dévotion pour eux. À la vérité, les cœurs des hommes se portent à l'amour par des voies bien différentes. Il y en a, mais bien peu, de si divinement généreux que, ne regardant en quelque sorte plus rien de ce qui les touche, ni intérêt temporel, ni intérêt spirituel, ni paradis, ni enfer, ni temps, ni l'éternité, ni leur salut, ni leur gloire, dans un entier oubli d'eux-mêmes, ne regardent que Dieu seul, et Dieu seul est leur unique tout, en toutes choses. Dieu seul est pour eux tout ce qui les fait agir ; c'est lui seul qu'ils veulent en la vie, en la mort, après leur mort. Il y en a qui regardent Dieu et qui l'aiment ; mais la vue et l'amour de Dieu sont mêlés de la vue de leurs intérêts. Il y a des cœurs qui se prennent par la beauté ; il y en a qui se laissent aller à l'honneur ; il y en a que le bien gagne. Vous en verrez que la grandeur touche, qui sont émus par des excellences et des personnes extraordinaires ; il s'en rencontre qu'un amour constant, des services fidèles, des obligations très particulières emportent. Ainsi les hommes qui ont des cœurs, et des cœurs qui aiment, se laissent aller à l'amour en des manières qui sont bien différentes : comme ils n'ont pas les mêmes inclinations, ils ne se portent pas à aimer les mêmes choses. Celui qui aime le bien ne se mettra pas tant en peine de l'honneur, parce que souvent les choses les plus honorables ne sont pas les plus utiles : et celui qui aime l'honneur méprisera l'argent ; il n'y sera pas attaché comme l'avare ; il faut qu'il fasse de la dépense pour arriver où la gloire le fait aspirer. Mais s'il se rencontrait des choses qui donnassent des richesses, de l'honneur et du plaisir, assurément elles seraient grandement et généralement aimées.

C'est ici, ô hommes, que je vous appelle à l'amour et à la dévotion des saints Anges. Toutes sortes de biens se rencontrent dans leur amour. Si vous aimez Dieu, il faut aimer les Anges ; si vous aimez les rares perfections que Dieu a mises dans les créatures, il faut aimer les Anges ; si vous vous aimez vous-mêmes, il les faut aimer ; si les choses temporelles vous touchent, ils y rendent des services incroyables. Si vous vous laissez aller au plaisir, à la gloire et au bien, ces bienheureux Esprits vous en procureront en cette vie, pourvu que la gloire de leur Maître s'y rencontre ou le bien de votre âme : mais il est toujours certain qu'ils vous obtiendront pour l'éternité des plaisirs qui surpassent toutes les pensées des hommes, aussi bien que des honneurs et des trésors inestimables. Si vous voulez être soutenus par quelques personnes puissantes, il n'y a rien de plus puissant dans l'être créé que la nature angélique. Si vous désirez d'être considérés des grands, ah ! ce sont les grands de l'Empyrée, les princes et les rois de la glorieuse éternité. Mais, ce qui est bien doux, c'est qu'ils font part à leurs amis de leurs couronnes : ils les associent à leurs empires ; et être bien l'ami des Anges, c'est aller d'un pas sûr à la royauté, et l'on peut bien s'assurer de porter quelque jour le sceptre et un diadème d'une gloire immortelle. Ah ! Qu'ils font bien le contraire de ces grands de la terre, qui n'ont rien tant à cœur que de régner seuls : tous les plus forts désirs de ces princes de l'amour, sont d'avoir des compagnons de leur empire. Si votre cœur se laisse prendre à la beauté, ce sont les beaux par excellence ; mais leurs beautés ne sont pas de ces beautés de la terre, qui ne sont qu'à fleur de peau, et qu'une maladie efficace ; leur beauté est inaltérable, et demeure toujours en même état. Mais comme l'affaire du salut est de la dernière conséquence, c'est en cette grande et unique affaire que l'on en reçoit des secours non pareils.

Au reste, ce sont des amis incomparables dans leurs mérites, dans leur amour, dans leur constance. Pour leurs mérites, leurs perfections et leur excellence, il n'y a point de plume qui puisse les décrire, ni de bouche, quelque éloquente qu'elle soit, qui les puisse déclarer. Leur amour pour les hommes est tout à fait prodigieux ; car il renferme toutes sortes d'amours. Leur constance est incroyable, puisqu'ils ne se lassent jamais de nous aimer, quelques sujets que nous leur donnions de s'irriter contre nous. Ils veillent infatigablement sur tout ce qui nous regarde. Ils nous servent de forteresses contre la puissance des démons. Ils sont notre protection et notre défense contre tous nos autres ennemis. Ils sont tous à tous les hommes, pour toutes sortes de services, quelque vils et abjects qu'ils puissent être. En peu de paroles, voilà de grandes vérités.

Après tout, si vous êtes du nombre de ces pures âmes qui agissent par les mouvements de l'esprit de Jésus-Christ et qui ne voient que Dieu seul, il faut comme, nous l'avons déjà dit, aimer les Anges, et où nos inclinations pourront-elles nous porter avec plus de justice et de sainteté qu'à ces objets des plus douces complaisances d'un Dieu ? S'il est vrai que les inclinations d'un Dieu doivent faire toutes nos inclinations, il faut exceller dans l'amour des Anges, qui sont les grands chefs-d'œuvre de l'amour d'un Dieu. Souvent, à la vérité, nous nous trompons dans les objets de nos amitiés : mais en aimant ce que Dieu aime, et comme Dieu veut que nous l'aimions, il n'y peut avoir de tromperie ; de quelque côté donc que nous nous tournions, il faut avoir de la dévotion pour les saints Anges. Il faut ici que le cœur de l'homme cesse d'être cœur, ou bien il faut qu'il aime les Anges : car où ira-t-il pour se défendre de l'amour angélique ? S'il monte au ciel, il y trouvera ces ravissantes beautés de la sainte éternité ; mais ce sont des beautés conquérantes à qui il faut se rendre, ou ne plus aimer. S'il parcourt toute la terre, et qu'il aille jusqu'aux extrémités du monde, tous les éléments, les feux, les airs, les eaux, la terre et tout ce qui s'y rencontre, prêchent hautement l'amour de ces rois de l'amour. Le soleil dans ses mouvements continuels qui lui sont donnés par un Ange, annonce tous les jours d'un bout du monde à l'autre cet amour ; et ce bel astre, avec ses rayons de lumière, marque évidemment cette vérité à toutes les créatures d'ici-bas. L'aurore qui précède le lever du soleil publie dès le point du jour les soins charitables de ces astres spirituels du matin du monde ; et les plus sombres nuits n'ont pas assez de ténèbres pour en cacher les bontés. Les lumières de ces astres divins n'ont point de couchant ; ces sentinelles posées sur les murs de la mystique Jérusalem veillent également la nuit aussi bien que le jour. Si nous descendons jusqu'au centre de la terre, nous y verrons dans les feux du Purgatoire éclater les amours de ces Esprits charitables, avec plus d'ardeur que les flammes qui y purifient les âmes. Les pays les plus abandonnés en reçoivent des assistances. Ces soleils de l'Empyrée se lèvent sur les pécheurs, aussi bien que sur les justes. Il n'y a point d'infidèle, point de barbare, point de créature raisonnable, pour chétive et malheureuse qu'elle soit, qui n'ait des Anges à sa garde. On les trouve dans les plus viles cabanes des dernières créatures de la terre, de même que dans les palais des princes ; tout esprit en ressent les secours ; toute la nature en est aidée ; enfin, il est très vrai que leur amour triomphe de tous côtés.

Quel moyen donc de résister à tant d'attraits, à de si doux et de si puissants motifs ? *Ô enfants des hommes, jusqu'à quand votre cœur sera-t-il appesanti ?* Jusqu'à quand aimerez-vous toute autre chose que ce qu'il faut aimer ? Mais nous n'avons ici qu'à répandre des larmes sur la dureté et l'aveuglement des hommes : toutes ces vérités sont certaines, et l'on voit assez que par tous les motifs imaginables l'on doit aimer les saints Anges ; cependant leur dévotion est bien rare, et s'ils sont des Esprits très aimants, ils sont bien peu aimés. Il est vrai que la dévotion des Anges Gardiens, qui ordinairement sont du dernier chœur, commence à devenir plus commune ; mais l'on trouve peu de personnes appliquées à la dévotion de tous les autres chœurs de ces célestes hiérarchies. Peu de gens s'occupent de l'amour des Séraphins, des Chérubins, des Trônes, des Dominations, des Vertus, des Puissances, des Principautés, des Archanges.

Je sais bien que ce défaut arrive du peu d'intérieur de la plupart des âmes. Elles sont toutes plongées dans la chair, et elles sont peu touchées que par les choses sensibles : il y en a peu qui par leur dégagement des choses matérielles, et le détachement parfait, donnent lieu à ces pures élévations de la grâce, qui nous font converser en esprit dans le ciel, pendant que nos corps vivent ici-bas sur la terre ; et qui en nous découvrant le monde spirituel, nous occupent de ce qui s'y passe, parce que nous considérons les Anges Gardiens comme étant auprès de nous (et c'est bien fait, on ne les peut même assez considérer), parce qu'on les regarde comme attentifs à nous procurer du bien et à nous délivrer du mal, l'on en est un peu plus touché ; car après tout, ce que l'on fait pour les Anges Gardiens, n'est presque rien, si l'on médite avec soin les obligations incroyables que nous leur avons. Mais pourquoi ne pas faire amitié avec les Séraphins, et tous les autres Anges ? Plus ils sont élevés, plus leur pouvoir est grand aussi bien que leur amour ; et ce qui est plus pressant, c'est qu'il y a plus de Dieu en eux, qui est le grand motif des âmes qui aiment purement. Mon Dieu ! Si les rois de la terre voulaient bien vous recevoir, vous qui lisez ces pages, en leur amitié particulière, et vous mettre du nombre de leurs plus chers favoris, je vous demande ce que vous feriez ? Sondez un peu votre cœur sur cette pensée, mais que ce soit de la bonne manière ; et ensuite considérez qu'il ne tient qu'à vous de faire de belles et éternelles amitiés avec un nombre innombrable de rois du ciel ; il ne tient qu'à vous d'être de la grande faveur auprès d'eux. Si vous voulez même (je vous conjure de penser plus d'une fois à cette vérité), il ne tiendra qu'à vous, à la faveur de leur crédit, d'être rois comme eux dans le séjour fortuné de l'Empyrée.

Je vous avoue que je voudrais tout faire, avec le secours de la grâce, pour pouvoir un peu réveiller les esprits des hommes, et les tirer de l'aveuglement où ils sont, au sujet de la dévotion à tous les Chœurs des Anges. C'est ce qui m'a obligé à donner ce petit ouvrage en leur honneur. Il y a longtemps que j'en suis pressé, non-seulement par des personnes de vertu, à qui je dois beaucoup déférer, mais bien plus par les mouvements intérieurs que j'en porte. Il y a plus de quatorze ou quinze ans que j'en suis tellement pressé, et avec tant de marques, que

Dieu tout bon demande de moi ce petit travail, que je croirais commettre une grande infidélité d'y résister. Après nos petits livres de *Dieu seul, De l'amour de Jésus au très-saint Sacrement, De la dévotion à l'admirable Mère de Dieu*, il est juste que nous écrivions *De l'amour et de la dévotion aux neuf Chœurs des saints Anges*. L'on me dira peut-être que le nombre des livres qui traitent de la piété est grand, mais un grand saint de nos jours, le glorieux François de Sales, a répondu il y a longtemps à cette objection. Hélas ! Le monde ne se plaint pas de ce que l'on parle presque toujours de la terre : car si vous y prenez garde, presque tout l'entretien des compagnies n'est que des choses sensibles. La terre, les hommes, les plaisirs et les biens de ce monde sont presque toute l'occupation des esprits et des cœurs, et ensuite toute la matière de leurs discours et de leurs écrits.

Considérez un peu sérieusement combien il y en a peu dans une ville qui s'entretiennent de Dieu, et des chères voies qui conduisent à sa bienheureuse possession, comme de la pauvreté, de la chasteté, de la mortification et du renoncement à soi-même ; combien de lettres écrit-on tous les jours dans toutes les parties du monde ; et n'est-il pas vrai que presque toutes ces lettres ne regardent que les affaires de la terre ? Ce sont des lettres pour des procès, pour des rentes, pour des fermes, pour de l'argent, pour s'établir en ce monde, pour se soutenir parmi les créatures, pour en avoir l'amitié et l'estime, pour en détourner les mépris et l'éloignement, pour l'honneur et la gloire de ce chétif monde : qui se plaint cependant de toutes ces lettres ? Mais, ô aveuglement et endurcissement épouvantable des créatures ! Ténèbres et duretés qui demandent des larmes de sang ! L'on crie que l'on donne trop d'écrits pour l'amour, l'honneur et l'intérêt de Dieu : ah ! Monde, que ton procédé en toutes choses est abominable ! Je ne veux jamais avoir que des horreurs pour toi, et toutes les aversions imaginables. Je ne me mets donc guère en peine de ce que tu penses et de ce que tu peux penser ou dire ; Dieu seul, Dieu seul. Dieu seul, et il me suffit. Ton estime, ô monde, et ton amitié, aussi bien que tous tes discours, ne méritent pas même que l'on y pense un seul moment, si ce n'est pour les détester ! Si l'on nous dit que dans nos petits discours tout ce qu'il y a de nous est fort méprisable, nous en demeurons d'accord : nous pensons et disons la même chose ; mais c'est ce qui nous fait attendre des grandes bénédictions du ciel ; moins de la créature, et plus de

Dieu : mon néant me soutient, et je sais que c'est de rien que Dieu a tiré ses plus grands ouvrages.

Me confiant donc uniquement en Jésus seul, et en la protection de sa très sacrée Mère, et aux puissants et charitables secours des saints Anges, je consacre ce petit ouvrage à la gloire de ces bienheureux Esprits. J'aurais eu envie d'aller de ville en ville, de village en village, publiant les bontés des Anges, et les motifs qui nous engagent à les aimer. J'aurais eu envie d'en parler à tous les hommes, s'il avait été en mon pouvoir, et de crier partout et dans les places publiques, et en toutes sortes de lieux : à l'amour et à la dévotion des Anges ! Mais au moins, puisque cela ne m'est pas possible, je fais imprimer ces feuilles afin qu'elles suppléent à ma voix, et soient portées où je ne puis me faire entendre, afin que ne pouvant pas grand-chose, et pour parler plus véritablement, ne pouvant rien du tout, au moins je fasse ce que je pourrai faire en la vertu de la grâce, pour donner aux cœurs des hommes de l'amour pour les chœurs angéliques.

Autrefois le divin Chrysostome, considérant la misère du monde, témoignait souhaiter que ces paroles de l'*Ecclésiaste* : *Vanité des vanités, et toutes choses ne sont que vanité*, qui en marquent puissamment le néant, fussent écrites en gros caractères dans les places publiques, sur les portes des villes et des maisons, et en toutes sortes de lieux. Et moi je voudrais que ces paroles du grand saint Léon Pape : *Confirmate amicitias cum sanctis angelis*, faites des amitiés avec les saints Anges, parussent en toutes les avenues des villes et villages, en toutes nos églises, dans toutes les chambres et cabinets ; que partout il y eût des personnes dont le grand soin fût de les dire et redire ; que tous les prédicateurs ne fissent jamais aucun sermon sans les publier fortement, et qu'elles fussent toujours insinuées dans les entretiens particuliers.

Qu'on fasse tout ce que l'on pourra, jamais nous ne nous acquitterons dignement de nos devoirs envers ces aimables Esprits. De là vient que les saints Pères n'oublient rien pour nous porter à les honorer et aimer. Tantôt ils nous pressent de les aimer saintement, de faire de belles amitiés avec eux, de nous rendre leur conversation familière ; tantôt ils nous exhortent à leur rendre nos respects, et à les honorer autant que nous le pourrons. Quelquefois ils nous disent que nous ne nous oubliions pas de leur présence, que nous soyons soigneux de les regarder, de penser à eux, de les entretenir ; et d'autres fois, que nous ayons toutes les reconnaissances possibles pour leurs bontés, et que le souvenir ne s'en efface jamais de nos mémoires. Enfin ils disent tout, et font tout pour nous animer à une dévotion si juste.

Le céleste saint Denis, qui en a écrit si amoureusement, prend plaisir à prendre la qualité de Philange, c'est-à-dire, de l'ami des Anges. Cet homme de Dieu, contemporain des apôtres, et disciple du grand Apôtre, tout plein de l'esprit apostolique, et tout plein de l'amour des Anges, les apôtres du ciel, et les coadjuteurs des hommes apostoliques de la terre, pour nous marquer, et à toute la postérité, son zèle pour ces admirables intelligences, prend publiquement la qualité de leur ami, et la met dans ses écrits, afin que tout le monde le sache.

Qu'un chacun porte son envie où il voudra : mais pour moi, s'il y a au monde qualité qui doive être désirée à mon goût, c'est celle de Philange, d'ami des Anges. Ô qualité préférable à celle de monarque et de souverain ! Ô qualité plus précieuse que l'or, la topaze et toutes les pierreries de l'univers ! Y a-t-il quelque chose qu'on ne doive faire et souffrir pour posséder une qualité si glorieuse ? Ô aimables Esprits ! Ma plus grande ambition sera toujours d'avoir le très grand honneur de votre sainte amitié. Je vous aime et vous veux aimer ; mais faites que je vous aime davantage. Je n'ai rien qui me soit plus considérable que mon cœur ; je vous le donne, et le mets entre vos mains, pour en être les gouverneurs, pour le donner au pur amour ; afin qu'il aime avec vous, et qu'il n'aime que ce que vous aimez et comme vous aimez, Dieu seul. Je n'ai rien de plus précieux que ma vie ; je la consacre à votre gloire, et je m'estimerais trop heureux de la perdre pour votre honneur en l'honneur de Dieu : au moins tous les moments en sont dédiés à Dieu pour votre gloire : sans cesse je désire vous louer à la vie, à la mort, après la mort. Je n'ai rien de plus étendu que mes désirs. Ah ! ils sont tous à vous, et il me prendrait envie que toute la terre résonnât de vos louanges, que partout il y eût des temples, et dans tous les temples des autels qui vous fussent consacrés ; partout des congrégations, des processions fondées, des sermons, des prédicateurs gagés, des plumes employées à votre service ; que partout vos images parussent ; partout il y eût des solennités établies, des offices composés en votre honneur ; qu'il y eût de saintes unions de personnes qui fissent profession de vous faire connaître, de faire remarquer votre aimable présence, de vous faire saluer, et qui n'eussent d'autres plus grands soins que de parler de vous, et de dire à tout le monde qu'il faut vous aimer, et aimer Dieu seul en vous, qui est le grand tout, qui doit être uniquement considéré en toutes choses.

Mais puisque ces choses surpassent mon pouvoir, je ferai au moins tout ce que je pourrai. Au moins, dirai-je par ces feuilles que vous êtes les tout aimables, les très aimants ; et hélas ! bien peu aimés. Je crierai à tous ceux qui les liront : À l'amour et à la dévotion des Anges ! Ô hommes ! Aimez les Anges ; ce sont les amis fidèles par excellence, des avocats, des protecteurs très puissants, des maîtres très sages, des pères, des frères tout remplis d'amour pour nous. Ils sont les patrons, les protecteurs, les avocats de toutes sortes de personnes, d'états et de conditions. Aimez les Anges, hommes apostoliques ; ce sont les divins missionnaires du Paradis. Aimez les Anges, prédicateurs, docteurs ; ce sont les savants de la science du ciel et de la belle éloquence de l'éternité. Aimez les Anges, vous qui êtes les prêtres, dit Seigneur ; c'est par leurs mains que le sacrifice est offert à la majesté de Dieu. Aimez les Anges, vous qui êtes retirés dans les cloîtres, ou qui vivez dans la solitude ; ces Esprits admirables sont toujours retirés en Dieu et n'en perdent jamais la vue. Aimez les Anges, vous qui paraissez en public, qui vivez parmi le monde ; ces pures intelligences y demeurent avec vous. Aimez les Anges, personnes mariées ; l'exemple du saint Archange Raphaël, qui conduisait Tobie, fait voir d'une manière admirable les soins qu'ils prennent de votre état. Aimez les Anges, veuves et orphelins ; ce sont les nonpareils dans les charitables secours qu'ils rendent aux personnes qui en ont quelque besoin. Aimez les Anges, ô vierges, ô vierges, encore une fois, aimez avec ferveur les Anges ; ce sont les grands amis de la virginité ; ils en sont même les admirateurs, voyant dans des vaisseaux fragiles un trésor si précieux, et des créatures faibles vivre en la terre comme ils vivent au ciel. Aimez les Anges, personnes justes ; ce sont les guides de la sainteté. Aimez les Anges, pécheurs ; ils sont pour vous un asile assuré. Aimez les Anges, personnes affligées, pauvres, misérables ; ils sont la consolation et le refuge de tous les malheureux. Aimez les Anges, riches, puissants, grands du monde ; ce sont ces divines clartés qui vous feront voir que tout ce qui passe est méprisable, et qu'il ne faut soupirer qu'après la bienheureuse éternité. Mais aimez, ô hommes, les Séraphins ; ce sont les princes du pur amour. Aimez les Chérubins, ce sont les grands docteurs de la science des saints. Aimez les Trônes, ce sont les patrons du véritable repos de l'âme, et de la tranquille paix du cœur. Aimez les Dominations ; ils vous apprendront à devenir les maîtres de vous-mêmes et de toutes choses, vous élevant au-dessus de tout l'être créé par une union intime au Créateur. Aimez les Vertus, ce sont les maîtres des voies de la sainte perfection. Aimez les Puissances, ils sont vos défenseurs contre la malice, la rage et le pouvoir des démons. Aimez les Principautés, ce sont eux qui prennent des soins si grands du bien des monarchies, des États, et de ceux qui gouvernent. Aimez les Archanges, ce sont les zélateurs du bien commun, et l'on en reçoit mille et mille bénédictions dans les provinces, dans les villes, dans les villages et dans toutes sortes de pays. Aimez, enfin, les Anges du dernier chœur, ce sont des astres dont nous ressentons plus souvent les célestes influences, étant plus proches de nous, et veillant sur le bien de tous les hommes en particulier avec un amour et des soins inexplicables. N'ayons plus que des amours du feu pour ces pures flammes de l'Empyrée, et ne cessons jamais d'aimer ceux qui ne se lassent jamais de nous bien faire et de nous combler de toutes sortes de grâces.

Mais, ô mon Dieu, bénissez tous les dévots de vos saints Anges, tous ceux qui, en lisant ces pages, prendront de véritables résolutions de se consacrer à leur dévotion. Bénissez-les de la bénédiction des justes, les faisant marcher par les voies droites qui conduisent à vous, et les tirant des voies obliques des pécheurs. Bénissez-les de la bénédiction d'Abraham, leur donnant l'esprit de sacrifice, de victime et d'hostie. Bénissez-les de la bénédiction d'Isaac, les mettant dans l'obéissance et l'assujettissement à toutes vos divines volontés. Bénissez-les de la bénédiction de Jacob, leur découvrant les mystères de la sainte religion. Bénissez-les de la bénédiction des élus, leur faisant entendre ces douces paroles : *Venez, les bien-aimés de mon Père, posséder le royaume qui vous est préparé dès le commencement du monde.* Bénissez-les de la bénédiction de ces célestes Esprits, les mettant dans leur compagnie, et les faisant jouir de leur bonheur. Grande et auguste Reine du Paradis, bénissez-les de votre charitable protection, afin qu'étant tous unis dans les mêmes desseins du seul intérêt de Dieu seul, Dieu seul vive et règne dans tous nos cœurs, dans les siècles des siècles.

PREMIER TRAITÉ

PREMIER MOTIF

LES PERFECTIONS ADMIRABLES DE CES SUBLIMES INTELLIGENCES.

Les excellences des Anges sont comme un océan sans fond, et d'une étendue presque immense. Nous l'avons déjà dit, c'est un abîme où il faut que l'esprit se perde. Les âmes éclairées connaissent bien que ce qu'elles en disent est bien éloigné de ce qu'elles en pensent, et ce qu'elles en pensent de ce qu'ils sont ; car il est vrai que leurs grandeurs surpassent toutes les pensées des hommes, aussi bien que leurs paroles. La nature angélique est un monde tout entier de perfections ; et lorsqu'on y ajoute l'état de la grâce et de la gloire, elle est tout à fait admirable. C'est une chose bien assurée, que la nature de l'homme, quelque parfaite qu'elle soit, est au-dessous des Anges, puisque la divine parole nous l'apprend ; mais un grave théologien a enseigné, ce qui à la vérité n'est pas l'opinion commune, que le dernier des Anges, dans l'état de la gloire, est au-dessus du plus grand des saints ; et c'est dans ce sens qu'il expliquait les paroles de l'Écriture, qui disent que celui qui est le dernier dans le royaume des cieux est plus grand que Jean-Baptiste. Mais outre l'incomparable Mère de Dieu, qui, sans aucun doute, est élevée au-dessus du Chœur des Anges, il exceptait le glorieux saint Joseph, à raison qu'il a été dans un autre ordre que le reste des saints, par la part extraordinaire qu'il a eue à l'union hypostatique, ayant possédé la qualité d'époux de la Mère de Dieu, celle de père putatif de ce Dieu-Homme, et en quelque manière la qualité de sauveur du Sauveur.

Au moins est-il très vrai que les Anges sont des substances spirituelles, incorruptibles de leur nature, parfaitement dégagées de la matière et entièrement libres de toutes ces misères qui nous environnent de toutes parts. Ce sont des Esprits tout de clarté : ils connaissent toute la nature ; et ce qu'il y a eu de plus caché aux plus grands esprits qui aient jamais été leur est parfaitement connu, et ils connaissent les choses sans aucune difficulté, et des choses innombrables en même temps, et en un moment, sans aucun doute ni obscurité. Ils ne se servent pas de discours comme les hommes, et ne comprennent pas ce qu'ils savent, comme nous, en raisonnant d'une chose à l'autre ; à la première vue qu'ils en ont, ils l'entendent : c'est pourquoi on les appelle par excellence des intelligences. L'Écriture leur donne un vêtement éclatant et de feu, pour nous marquer leurs lumières ; elle leur donne dans l'Apocalypse un habit semblable à celui des anciens pontifes, pour nous faire savoir que les plus saints mystères de la religion leur sont révélés ; enfin elle nous les représente couverts de nues, pour nous apprendre que leurs lumières sont trop brillantes pour pouvoir être supportées par nos esprits ; on ne les peut considérer que voilées ; les vues des hommes ne sont pas assez fortes pour les envisager. Les plus savants hommes du monde ne sont que des enfants, comparés à ces pures Intelligences.

Leur puissance est aussi incroyable. Un seul Ange pourrait défaire des millions d'hommes mis en bataille, et tous les hommes du monde ensemble ; il pourrait faire des changements merveilleux aux éléments, aux villes, aux provinces et aux royaumes. Les Anges peuvent faire souffler les vents, tomber la pluie, gronder les tonnerres, exciter des tempêtes, des tremblements de terre, arrêter les fleuves, donner l'abondance ou la famine, guérir de toutes sortes de maladies ou en donner d'incurables, former des corps, et quantité d'autres merveilles dont les hommes ignorent les causes, et tout cela presque en un moment. On les peint avec des ailes pour marquer leur vitesse qui surpasse celle des cieux et des vents ; en un instant, ils passent d'un bout du monde à l'autre bout, étant ainsi partout, comme parle Tertullien.

Mais leurs beautés sont tout à fait ravissantes ; les plus charmantes de la terre ne sont que de vilaines laideurs, comparées à ces beautés célestes. Les Anges ne sont que beauté, et le moindre de tous est plus beau que toutes les beautés du monde mises ensemble. Ici l'esprit se perd dans la pensée d'une infinité de beautés qui se rencontrent parmi ces Chœurs angéliques ; car si tous les Anges sont différents en espèce, et par conséquent de différente beauté, et que le plus petit en ait plus que toutes les autres créatures de la terre ; que, d'autre part, leur nombre soit comme infini, ne pouvant être compté des hommes, mais de Dieu seul ; ô mon Dieu, que de beautés en la sainte Sion ! Mais jusqu'où doit arriver celle des premiers Esprits de cette glorieuse cité ? On rapporte ordinairement sur ce sujet le sentiment de saint Anselme, qui, pour nous donner quelque idée de ces vérités par quelque chose qui tombe sous les sens, dit que, si Dieu mettait un Ange à la place du soleil, et qu'il l'environnât d'autant de soleils qu'il y a d'étoiles, et qu'il permît à cet Esprit bienheureux de faire écouler dans un corps emprunté quelque rayon de ses lumières, il éclipserait toutes les clartés de ces soleils et les rendrait invisibles à nos yeux. Un savant homme a estimé que le soleil même, qui éclaire cet univers, n'a point d'autre lumière que celle qu'il reçoit de l'Ange qui le meut et le tourne ; car, disait-il, quoique l'Ange n'informe pas cet astre et ne lui soit qu'une forme assistante, il peut bien lui communiquer toutes ses clartés, comme le sang du corps humain, dans l'opinion de ceux qui pensent qu'il ne soit pas animé, ne laisse pas de recevoir de l'âme un certain éclat, qu'il perd lorsqu'elle est séparée du corps.

Enfin tout est charmant dans ces aimables Esprits. Un Ange paraît à saint François, et, pour le récréer, touche un instrument de musique ; il ne le toucha qu'une fois, mais il le fit si mélodieusement que ce saint assurait qu'il eût fallu mourir de douceur s'il eût redoublé. Cet oiseau miraculeux, dont le chant occupa autrefois si agréablement un religieux serviteur de Dieu, dans une solitude, qu'il y passa plusieurs siècles sans aucun ennui, avec un tel plaisir qu'il croyait n'y avoir été qu'un quart d'heure, Dieu l'y conservant miraculeusement, c'était sans doute un Ange qui se servait de la figure d'un oiseau. Le P. Corneille de la Pierre témoigne qu'ayant voulu examiner la vérité de ce miracle il s'était transporté tout exprès sur les lieux où l'on disait qu'il était arrivé, et au monastère dont était le susdit religieux, et qu'après avoir examiné le tout avec soin il en avait trouvé des témoignages très assurés.

C'est aussi une raison pour laquelle les Anges ont été créés dans le ciel Empyrée : il était bien raisonnable que de si nobles et si parfaites créatures prissent leur origine dans un ciel, le séjour de la félicité et de tout bonheur. Toutes ces pierres précieuses, qui furent autrefois montrées au prophète Ézéchiel, nous figuraient les différentes perfections des Anges. Les saints Pères se surpassent eux-mêmes lorsqu'il est question de leur donner des titres et des éloges. L'on peut dire, en un mot, que ce sont de belles et pures glaces qui représentent la Divinité : ils en sont les miroirs éclatants et les plus vives images : aussi leurs excellences sont sans imperfection. Hélas ! Ce n'est pas comme le peu de perfection que l'on voit ici-bas sur la terre, et qui ne s'y trouve que dans un mélange pitoyable de défauts et de misères. La noblesse des Anges est sans bassesse ; leur science, sans ignorance ; leurs lumières, sans ténèbres ; leur puissance, sans faiblesse ; leur beauté, sans le moindre petit défaut ; leur amour, sans mélange ; leur volonté, sans inconstance ; leur paix, sans trouble ; leur action, sans relâche ; leur opération continuelle, sans aucun travail ; leurs desseins, sans peine ; leur bonheur, sans crainte ; leur félicité, achevée de tout point et sans le moindre mal.

Il est rapporté, dans le livre des Juges, que Manué demandant le nom à un Ange qui lui apparaissait, il répondit que son nom était Admirable. Au chapitre seizième de la Genèse, Agar appela, dit l'Écriture, le nom du Seigneur qui lui parlait : Vous êtes le Dieu qui m'avez vue. Or c'était un Ange qui lui parlait pour lors ; mais on leur donne cette qualité, parce qu'ils représentent Dieu d'une manière admirable. De là vient qu'en la même Genèse, au chapitre 31, Jacob dit qu'il a vu le Seigneur face à face, à raison de l'Ange qui lui avait apparu. Après toutes ces perfections, les hommes pourront-ils bien se dispenser de l'amour qui est dû aux Anges, ces hommes qui sont si portés à aimer ce qui est beau, ce qui est noble, ce qui est parfait ? Cette vérité mérite bien d'être considérée à loisir, pour la gloire de Dieu, l'auteur de toutes ces excellences et de toutes ces perfections.

DEUXIÈME MOTIF

LES BONTÉS INCOMPARABLES DE CES ESPRITS D'AMOUR.

Rien ne blesse tant un bon cœur que de se voir aimé, dit le saint Évêque de Genève en son livre *De l'amour divin*. Mais lorsque l'on est aimé par une personne très considérable, cela relève beaucoup les motifs de l'amour. Si cela est, ou il faut aimer les Anges, ou il faut renoncer à l'amour. Nous venons de dire que leur puissance, leurs lumières, leurs beautés sont incomparables ; ajoutez à cela qu'ils sont de grands princes, et des rois même, qui règnent dans un empire qui n'a point de fin, avec le souverain Roi de l'éternité : considérez encore que ces aimables princes du beau paradis ne nous aiment pas seulement, mais qu'ils nous aiment de toutes sortes d'amours, et jusqu'à un tel point, qu'il semble qu'ils aient résolu d'emporter le prix de l'amour.

En vérité, vous diriez qu'ils sont les amants passionnés des hommes. Ils nous aiment donc, ces grands de l'Empyrée, d'un amour de père ; étant toujours en souci de notre avancement, dans la recherche de nos intérêts, dans le désir de nous procurer du bien ; ne cessant de nous en faire, regardant tout ce qui nous touche comme leurs propres intérêts ; prenant des soins inénarrables pour nous rendre considérables dans les grands honneurs de la glorieuse éternité, et n'oubliant rien pour nous assurer l'héritage de la gloire, qui nous a été acquis par les miséricordes de l'adorable Jésus. Ils nous aiment d'un amour de mère ; car il est écrit qu'ils nous porteront en leurs mains. Comme une bonne mère qui tient son enfant en son sein, ils nous portent entre leurs bras ; ils ont soin de nos corps, de nos âmes ; ils ont toujours les yeux collés sur nous, et nous caressent avec toutes les tendresses qu'un saint amour peut inspirer. Ils nous aiment d'un amour de frère, car ils nous considèrent comme leurs cadets ; mais ce qui est bien merveilleux et bien rare, et plus digne du ciel que de la terre, non-seulement ils ne sont pas fâchés de nous voir égaux en gloire, mais nos Gardiens sont ravis, et font ce qu'ils peuvent pour nous voir plus glorieux dans le paradis qu'ils ne le sont eux-mêmes. Ils nous aiment de l'amour d'un amant passionné, pensant sans cesse à nous, étant toujours dans la recherche de notre amitié ; ne nous quittant de vue ni les jours ni les nuits ; quittant même le beau séjour du ciel, pour demeurer continuellement avec nous sur la terre, et nous voulant et procurant plus de bien qu'à eux-mêmes. Ils nous aiment de l'amour d'un vigilant pasteur ; car n'est-ce pas de ces bienheureux Esprits que l'on peut dire que ceux qui gardent Israël ne dorment et ne sommeillent jamais ? Ils nous aiment de l'amour d'un charitable médecin, puisqu'ils pansent nos plaies, guérissent nos maladies, et nous donnent la santé avec une douceur non pareille. Ils nous aiment de l'amour d'un avocat et d'un procureur, s'appliquant à toutes nos affaires et du ciel et de la terre, et particulièrement à la grande affaire de l'éternité, avec des bontés inexplicables. Ils nous aiment de l'amour d'un fidèle guide, nous conduisant avec des amours prodigieux dans les fâcheuses routes de cette vie, nous délivrant des précipices qui nous environnent de tous côtés. Ils nous aiment de l'amour d'un bon maître, nous tenant sous leur protection, et nous faisant obtenir des récompenses excessives pour le peu de services que nous leur rendons. Ils nous aiment de l'amour d'un savant et soigneux docteur, nous apprenant la science des saints et la haute doctrine de Jésus-Christ. Ils nous aiment de l'amour d'un bon roi, nous défendant de nos ennemis, nous faisant vivre dans la paix et nous tenant dans toute la sûreté possible ; et, pour le dire en un mot, ils nous aiment autant qu'ils peuvent nous aimer.

Ô mon Dieu ! Que voilà donc nos cœurs pressés de se voir aimés de tous ces amours par des créatures si nobles, si belles, si puissantes, si parfaites, par ces grands rois du paradis. Mais quand ont-ils commencé à nous aimer ? Au même temps que nous avons commencé d'être.

Combien leur amitié a-t-elle duré ? Toujours, sans en excepter un seul instant de notre vie. Durera-t-elle encore longtemps ? Jusqu'au dernier soupir de la vie ; et si nous voulons, après la mort à jamais, à jamais, autant que Dieu sera Dieu, pour toute la longue et interminable éternité. Nous aiment-ils en toutes choses ? En toutes choses généralement qui regardent notre véritable bien. N'y a-t-il point quelque exception ? Il n'y en a point du tout. Que font-ils pour cela ? Ils font tout ce qu'ils peuvent faire ; il n'y a point d'emplois vils et abjects qu'ils ne prennent quand il s'agit de nous servir. En quels lieux procurent-ils notre bien ? En toutes sortes de lieux, de pays et de terres, partout où nous allons, dans le ciel même et sous la terre, au milieu des feux et des flammes du purgatoire. Ne se rebutent-ils point de nos ingratitudes ? Ils demeurent immuablement dans notre service sans s'en rebuter, sans s'en lasser jamais, quelques sujets que nous puissions leur donner du contraire.

Il est donc vrai que les saints Anges sont nos plus anciens amis, que leur amour est le plus constant, le plus fidèle qui se puisse voir, le plus doux, le plus patient, le plus universel. Tout y est grand, tout y est charmant, tout y est admirable ; disons encore, tout y est désintéressé ; car que reçoivent-ils des hommes ? Des ingratitudes inconcevables, des mépris offensants, des injures intolérables. Les infidèles ne les connaissent pas ; les hérétiques les connaissent, sans leur rendre les respects qui leur sont dus ; la plupart des gens de la campagne les ignorent, aussi bien que les infidèles. Souvent ceux qui en sont les mieux instruits, sont plus méconnaissants ; ceux qui passent pour les aimer, pensent quelquefois à eux, les honorent en de certaines rencontres ; et voilà où l'amour des hommes va, pour des Esprits qui pensent sans cesse à eux, et qui sont toujours auprès d'eux. Ces vérités méditées sérieusement de temps en temps, jetteront l'âme dans un étonnement d'où elle aura de la peine à revenir, et pour l'excès de l'amour des Anges envers les hommes, et pour l'excès des ingratitudes, des froideurs des hommes envers les Anges. Enfin, disons encore : Mais d'où vient, célestes Esprits, que vous aimez ces hommes, et pourquoi voulez-vous qu'ils vous aiment ? C'est ici qu'il faut que tout esprit s'arrête : le comprenne qui pourra ; mais j'avoue que l'amour des Anges est incompréhensible. Ici il me prendrait envie d'aller criant par toute sa terre, à l'ingratitude, à l'insensibilité du cœur humain. Non, il faut le dire, c'est en ce sujet que l'ingratitude paraît dans toute la noirceur, et la dureté du cœur de l'homme dans son dernier excès. Ô hommes, ô hommes, revenez donc de ce malheureux état ; rendez-vous une bonne fois sensibles à tous ces attraits de l'amour. Aimez les Anges, aimez le Dieu des Anges ; car c'est en lui seul que tout ce qui est aimable doit être aimé.

TROISIÈME MOTIF

TOUS LES SAINTS ANGES SONT AU SERVICE DES HOMMES.

J'avoue qu'en continuant d'écrire touchant l'amour des Anges, mon cœur se sent insensiblement de plus en plus touché ; et s'ils sont des feux et des flammes de feu, comme nous l'apprenons de l'Écriture, je ne suis pas surpris si mon cœur se sent liquéfié, pour parler avec le Psalmiste, comme une cire qui fond devant le feu. Ô aimables Esprits ! Souffrez ici ces élans d'amour à ma pauvre âme. Ou faites que je meure, ou faites que je vous aime tout à mon aise. Faites que j'aime avec vous du pur amour Jésus, le Roi de l'amour, et Marie, la Reine du saint amour. Ou il faut cesser de vivre, ou il ne faut plus vivre que de la pureté de cet amour.

Mais que ces motifs, que nous ne faisons que parcourir, sont capables de nous y engager ! Nous avons dit que les Anges aiment les hommes de toutes sortes d'amour, et qu'ils les aiment avec une fidélité inviolable et une patience inouïe ; mais combien y a-t-il de ces aimables princes à leur service ? Quelques-uns, peut-être, de leurs troupes célestes. Écoutons le divin Paul qui nous répond, que *tous sont envoyés pour notre salut*. Tous les Anges, enseigne saint Augustin, sont à notre garde, puisque et eux et nous, nous ne faisons qu'une même cité de Dieu, dont une partie que composent les hommes, qui est encore dans la voie, est assistée de l'autre partie, qui sont les Anges, qui vivent dans la bienheureuse possession de la fin. Quand l'on parle des Anges qui veillent au salut des hommes, dit l'éloquent saint Jean Chrysostome, il ne faut pas seulement entendre les Anges des derniers Chœurs, mais ceux même des plus élevés et des premiers.

L'on demande, à la vérité, si les Anges des premiers Chœurs descendent ici-bas pour y assister les hommes ? Il y a quelques docteurs qui ne le pensent pas. Mais il leur est difficile d'expliquer les témoignages de l'Écriture qui font voir le contraire. Saint Raphaël, qui servit de guide au jeune Tobie, assure qu'il est l'un des sept princes qui se tiennent devant le Seigneur. Ce sont des Chérubins qui apparaissent au prophète Ézéchiel ; c'est un Séraphin qui purifie les lèvres d'Isaïe : nous lisons même dans la Genèse, que Dieu a commis un Chérubin à la garde du paradis terrestre : ainsi il est visible que les Anges, même des premiers Chœurs, sont envoyés ici-bas pour la conduite des hommes. Les histoires des Saints nous enseignent cette même vérité. C'est un Séraphin qui imprima les plaies de notre bon Sauveur au corps de saint François ; ce fut encore un Séraphin qui blessa si amoureusement le cœur de la Séraphique Thérèse. Mais enfin ce n'est pas là le point essentiel ; il suffit que ce soit une vérité indubitable que tous, sans réserve, prennent soin de nous, soit d'une manière, soit d'une autre : tous les neuf Chœurs des Anges sont au service des hommes.

Or le nombre de tous ces Anges est si excessif, que le saint homme Job déclare qu'il est innombrable. Il y a des savants qui tiennent qu'il surpasse le nombre de tous les astres du ciel, de tous les oiseaux de l'air, de toutes les gouttes d'eau, de tous les brins d'herbes, de tous les atomes, enfin, de toutes les créatures visibles. Saint Grégoire de Nice dit qu'il y en a une infinité de millions, c'est-à-dire, qu'à l'égard des hommes, leur multitude est comme infinie, et n'est connue que de Dieu seul ; c'est lui seul, dit le grand saint Denis, qui en sait le nombre.

Que ces vérités, quand elles sont bien pénétrées, donnent de grands et de forts mouvements d'amour à nos pauvres cœurs, et qu'elles sont pleines de consolation ! Si l'on vous disait, à vous qui lisez ceci, que le roi a commandé à l'un des premiers princes de sa cour de partir exprès pour se tenir auprès de vous, et pour vous rendre tous les services possibles, où en seriez-vous, et quels sentiments de reconnaissance n'en auriez-vous pas ? Pourriez-vous vous tenir de joie ? Et quel serait votre étonnement, la surprise, l'allégresse de tous vos parents et amis ? Mais c'est ce que nulle histoire ne nous apprend ; la terre n'a rien de si obligeant ; ces faveurs sont réservées pour le ciel. Il n'appartient qu'au Dieu du paradis de faire de ces prodiges d'amour. Ô mon âme, ô mon âme ! y avons-nous jamais bien pensé ? as-tu jamais bien considéré que tous les princes de la cour du Roi des rois entrent dans tes intérêts, sont à ta garde, et veillent avec des bontés ineffables sur ce qui te regarde ? Il est vrai qu'il y a un de ces princes qui y veille plus immédiatement ; mais enfin, *tous*, nous dit l'Écriture, *sont envoyés pour ceux qui prennent l'héritage du salut*. Ô l'amour du Dieu qui les a envoyés ! Ô l'amour de ces princes qui sont envoyés ! Ô quelle consolation à nos chétives âmes ! Pourquoi après cela seront-elles tristes ? Pourquoi se troubleront-elles ? Un seul de ces princes nous doit bien ôter toute crainte, et relever nos courages, quelque abattus qu'ils soient ; et en voilà des millions, des mille millions, des infinités de millions, pour parler avec les Pères, des nombres innombrables. Ô mon cœur ! Pense une bonne fois que si une si puissante protection te doit bien mettre en sûreté, l'amitié de tous ces illustres de l'Empyrée te doit bien servir d'occupation, Hélas ! Quel temps et quel lieu nous restera-t-il pour la terre ? En vérité, il y a trop de belles amitiés à faire dans le ciel avec les Anges, pour s'amuser ici-bas avec les hommes ; mais que ces amitiés sont pures et saintes, puisqu'elles se font avec de purs Esprits, dans lesquels il n'y a que Dieu seul !

QUATRIÈME MOTIF

TOUS LES HOMMES SONT ASSISTÉS DES SAINTS ANGES.

Il ne faut pas rechercher d'autre raison en l'amour de Dieu, que l'amour même, comme l'apprit de Notre-Seigneur la vénérable mère Madeleine de Saint-Joseph, religieuse carmélite, d'une éminente sainteté. Car pourquoi Dieu aime-t-il les hommes comme il les aime ? Qu'il soit publié entre les peuples, dit le dévot saint Bernard, et qu'ils confessent que le Seigneur a résolu d'agir magnifiquement avec eux. Ô Seigneur, qu'est-ce que l'homme, pour que vous daigniez vous faire connaître à lui, et lui donner les amours de votre cœur ? Vous l'aimez, vous en prenez soin, vous lui donnez votre Fils unique, vous lui envoyez votre Saint-Esprit ; et afin qu'il n'y ait rien dans le ciel qui ne soit occupé pour lui, vous en députez les bienheureux Esprits pour le garder, le servir et l'instruire. Voilà donc l'Ange, qui est un grand roi, tout plein de perfections, de beauté et de gloire, au service de l'homme tout rempli d'imperfections, de laideur, de misères ; de l'homme, qui n'est qu'une fourmi, un ver de terre, de la pourriture, la pâture des vers, un peu de boue et de fange, et enfin une feuille que le vent emporte. Mais ce qui est étonnant, voilà l'Ange au service de l'homme pécheur.

Si nous disons, comme nous apprenons de la divine Parole, que nous n'avons pas péché, nous nous trompons nous-mêmes, et la vérité n'est pas en nous. Les plus saints tombent dans de fâcheux péchés véniels, quoique ce ne soit pas avec une entière advertance, et le péché véniel est une offense de Dieu : c'est pourquoi les âmes qui sont bien à Dieu ne s'y laissent pas aller que par mégarde ; elles aimeraient mieux souffrir tous les tourments imaginables de cette vie, et même de l'autre, que d'en faire un seul avec une entière vue*. L'enfer, disait le dévot saint Anselme, me serait plus supportable que le moindre petit péché. Ceux qui aiment Dieu entendront bien cette vérité ; les autres ne la comprendront guère. Il y a bien plus : non-seulement le péché véniel, mais la seule ombre du péché véniel, au sentiment de l'amoureuse et divine Catherine de Gênes, serait capable de faire briser le corps de celui qui saurait bien ce que c'est, quand il aurait un corps de diamant, à la moindre vue qui lui en serait donnée ; tant il est vrai que la plus petite offense de Dieu a quelque chose d'épouvantable : on ne peut jamais exprimer combien le péché est horrible. Ô que si les hommes savaient ce qu'ils font lorsqu'ils y retombent ! Or les Anges, ces esprits tout de lumières, en pénètrent encore bien plus fortement l'horreur que les âmes les plus éclairées ; et ils ne laissent pas d'assister avec des bontés incroyables les personnes infectées de cette misère.

Ô âme, qui que tu sois, qui lis ces vérités, je te conjure de t'arrêter un peu pour les considérer à loisir. C'est une chose surprenante que la bonté des Anges, qui ne laissent pas de donner leurs soins à des personnes qui se laissent aller à l'offense, même légère, de leur Créateur, vu la connaissance qu'ils ont des grandeurs suradorables de la majesté divine qui en est blessée. Mais que sera-ce donc de voir qu'ils ne quittent pas ces misérables qui vivent dans le péché mortel, qui sont des déicides, qui foulent aux pieds le sang d'un Dieu, et sont coupables de sa mort ; ces criminels de lèse-majesté divine, ces enfants, ces membres, ces esclaves du diable, ces captifs de l'enfer ?

Allons encore plus avant : les hérétiques et les infidèles ont des Anges qui les gardent. La grande sainte Thérèse disait que l'âme d'un catholique qui était en péché mortel, était comme un beau miroir dont la pureté était entièrement souillée et vilainement gâtée, et qui n'avait plus rien que de hideux : mais que ce miroir, dans les hérétiques, n'était pas seulement gâté, mais qu'il était cassé. Les lumières surnaturelles de cette âme séraphique lui apprenaient de fortes vérités, sous

---

* C'est-à-dire avec une pleine connaissance et de propos délibéré.

des similitudes dont elle se servait pour les enseigner aux autres. Le mal de l'hérésie est un mal furieux que l'on ne connaîtra jamais bien que dans le pays des solides et grandes lumières de l'éternité. Après tout, l'amour des Anges ne s'en rebute pas ; ils veillent sur ces malheureux, sur tous les infidèles, les païens et les idolâtres. Les Turcs, qui font profession d'être leurs ennemis, puisqu'ils le sont du nom Chrétien, en sont assistés. L'Antéchrist même aura un Ange Gardien, selon la doctrine de saint Thomas, qui l'empêchera de plusieurs maux qu'il ferait aux autres, et qu'il se ferait à lui-même. Ils sont la même chose dans tous les endurcis, et leur protection n'est pas sans beaucoup de bons effets à l'égard même des hérétiques et infidèles. Ils servent tous ces gens comme leurs maitres, quoique ce soient des esclaves de l'enfer ; ces gens qu'ils voient bien qui se damneront et qui s'en vont le grand chemin à la perdition.

Admirons ici les bontés des Anges. Où est le jardinier qui arrosât un arbre s'il savait qu'il ne porterait jamais de fruit, et qui le fit avec autant de soin comme s'il en devait espérer beaucoup ? Mais comment pouvoir sortir d'un abîme d'étonnement, lorsque l'on considère qu'ils continuent avec la même fidélité à nous porter au bien, après avoir reçu de nous mille et mille rebuts, et avoir vu en cent mille rencontres toutes leurs peines inutiles ?

Tous ces affronts, toutes ces injures, toutes ces révoltes, toutes ces perfidies, toutes ces malices et horreurs des hommes, qui sont, pour ainsi dire, comme dans un continuel combat avec ces Esprits glorieux, le disputant à leur amour par leur ingratitude, ne les empêchent pas d'être tous au service de tous les hommes. Pesons donc bien ces deux grandes vérités : tous les neuf Chœurs des Anges, sans en excepter un seul, sont au service des hommes ; tous les hommes, tout misérables qu'ils puissent être, sans en excepter un seul, sont assistés des Anges. Ils les vont chercher dans ces vastes et immenses forêts du Canada, dans les déserts les plus éloignés, dans les plus sombres cachots, aux extrémités de la terre, au milieu de la barbarie même ; et vous diriez qu'ils sont passionnés de ces hommes qui n'ont rien de l'homme que l'apparence, leur vie étant toute brutale, et bien au-dessous des bêtes. Ces beautés célestes donnent leur amour à la laideur même, et elles n'en ont que des mépris insolents. C'est de la sorte qu'aiment ces

Esprits, qui n'aiment que du pur amour, c'est-à-dire qui ne regardent uniquement que Dieu seul.

CINQUIÈME MOTIF

LES SAINTS ANGES FONT TOUT CE QUI SE PEUT FAIRE POUR LE BIEN DES HOMMES.

L'Ange qui servit de domestique à ce jeune homme dont il est parlé en l'histoire de l'ordre de Saint-Dominique, fait bien voir cette vérité. Une sainte dame ayant été avertie sur le tard qu'une pauvre femme, qui demeurait dans les faubourgs de la ville où elle résidait pour lors, était dans une extrême nécessité ; tous ses domestiques étant dehors, elle y envoya son fils, qui était encore fort jeune. Mais comme cet enfant avait peur, allant dans les ténèbres en un lieu éloigné de son logis, un page passa devant la porte, qui le conduisit avec un flambeau jusqu'à la maison de cette femme ; et étant obligé de s'en retourner, un homme parut encore, qui le ramena jusque chez sa mère, qui ne douta pas que ce ne fût son bon Ange qui lui eût rendu ce charitable office. À la vérité, c'est beaucoup faire pour les hommes que de les garder si amoureusement ; mais c'est faire davantage que de prendre leur forme, et de paraître visiblement comme eux, ce qui leur est arrivé tant de fois. Et le savant interprète de l'Écriture, Corneille de la Pierre, estime qu'après la résurrection, ils formeront quelquefois des corps d'une incroyable beauté pour contenter nos sens extérieurs : mais ce qui est bien encore plus surprenant, c'est de les voir en toute sorte de posture pour nous rendre service. Ils prennent la forme de pauvres, de mendiants, de malades, de lépreux ; il n'y a rien qu'ils ne fassent pour les hommes, qui ne font presque rien pour reconnaître tous leurs bienfaits.

Encore si ce n'était qu'en de certaines occasions qu'ils rendissent ces assistances à de si viles et chétives créatures ; mais de nous obliger autant de fois que nous vivons de moments, et en la manière qu'ils le font, c'est ce qui est inconcevable. Nous avons dit bien des fois, que les Anges nous gardaient ; vous l'avez dit, vous qui lisez ceci : mais avons-nous jamais bien pensé à une grâce si rare et si étonnante ? Un prince du sang royal qui viendrait dans un méchant village, pour y passer quelque temps au service d'un pauvre paysan, dans un chétif taudis, ne ferait-il pas l'étonnement de tout l'univers ? Et si ce paysan était son ennemi, qui le maltraitât sans cesse, et dont le prince ne pût rien attendre pour ses propres intérêts, sans doute c'est ce qui augmenterait beaucoup l'admiration de tout le monde : mais enfin, si ce prince non-seulement passait quelques mois, quelques années auprès de ce misérable ; mais s'il ne le quittait pas jusqu'au dernier soupir de sa vie, qu'il ne le perdît jamais de vue, qu'il fût toujours auprès de cet homme, non-seulement ingrat, non-seulement méchant, mais encore tout brutal, tout plein de maladies puantes, d'ulcères effroyables, de vermines, de gale, et de tout ce qu'il y a de plus infect, où en seraient les esprits des hommes ?

Cependant, ô mon âme, c'est de cette manière que ton bon Ange te garde ; c'est de la sorte, vous à qui je parle par cet écrit, que votre saint Ange vous garde, et vous rend une protection continuelle. Oui, cet aimable prince du Paradis ne nous quitte jamais en cette vallée de misères et de larmes. Les Anges, dit saint Augustin, entrent et sortent avec nous, ayant toujours les yeux arrêtés sur nous, et sur tout ce que nous faisons. Si nous demeurons en un lieu, ils s'y arrêtent ; si nous allons à la promenade, ils nous accompagnent ; si nous changeons de pays, ils nous suivent ; allons en quelque lieu qu'il nous plaira, sur la terre, sur la mer, ils sont toujours avec nous. Qu'un solitaire se renferme dans un ermitage, son bon Ange y demeure avec lui ; qu'un voyageur change de pays continuellement, son bon Ange le suit de toutes parts. Ô excessive bonté ! pendant même que nous dormons, ils veillent auprès de nous, ils sont toujours à nos côtés, nous qui sommes des pécheurs, et par suite leurs ennemis ; nous qui sommes l'horreur même, par le péché ; nous qui ne pourrions pas nous supporter nous-mêmes, si nous connaissions notre laideur et sentions notre puanteur ; nous qui sommes l'ingratitude même ; nous qui passons la plupart de notre vie dans des actions criminelles, soit par le péché mortel, soit par le péché véniel, ou dans des occupations viles et basses, qui assurément font grande pitié à ces Esprits éclairés, qui en découvrent pleinement la sottise et la vanité ; nous qui dans les bonnes actions que nous faisons y mêlons quantité de défauts ; avec tout cela, ils ne se lassent jamais d'être auprès de nous, et durant tout le long des jours et des nuits, et tous les moments de notre vie. Et si nous sommes assez heureux que d'être sauvés après notre mort, ils nous rendront visite dans les prisons du purgatoire, et ne tiendront pas à déshonneur de se rendre au milieu des brasiers et des flammes de ce lieu de souffrance pour nous y consoler. En vérité, n'est-ce pas là être nos serviteurs et nos esclaves, et non-seulement nos gardiens ? Il y a plus : trouverait-on, je ne dis pas des princes pour servir de chétives personnes de la sorte ; mais pourrait-on bien trouver des personnes, pour malheureuses qu'elles puissent être, qui voulussent servir des rois à ces conditions, et engager leur liberté jusqu'à ce point ? Commencez donc à bien savoir aujourd'hui, mais souvenez-vous-en bien, que les Anges sont nos domestiques et nos esclaves. Ô bonté de Dieu ! des princes du paradis, des rois de gloire être nos valets et nos esclaves ! Le saint homme Vincent Caraffe avait bien raison de dire que la vie d'un Chrétien était une vie d'étonnement et d'admiration.

Ajoutons à ces amours surprenants que les Anges ne se contentent pas de garder les hommes de la sorte ; ils vont jusqu'à cet excès, qu'ils gardent les bêtes pour l'amour des hommes ; non-seulement parce que, quelquefois déguisés en bergers, ils ont veillé sur des troupeaux de certaines âmes d'élite, comme nous le lisons de saint Félix, qui depuis fût Capucin ; mais parce que, selon saint Augustin, le monde visible est gouverné par des créatures invisibles, par de purs esprits, et que même il y a des Anges qui président à chaque chose visible, à toutes les espèces de créatures qui sont dans le monde, soit qu'elles soient animées, soit qu'elles soient inanimées. Les cieux et les astres ont leurs Anges moteurs ; les eaux ont un Ange particulier, comme il est rapporté en l'Apocalypse ; l'air a ses Anges qui gouvernent les vents, comme il se voit dans le même livre, qui nous apprend de plus que l'élément du feu a aussi les siens. Les royaumes ont leurs Anges, comme il se lit en Daniel ; les provinces en ont aussi qui les gardent, comme on le remarque en la Genèse, car les Anges qui apparurent à Jacob étaient les gardiens des provinces par où il passait. Jacob, dit saint Augustin, vit deux troupes d'Anges, l'une était commandée par l'Ange de Mésopotamie, qui avait conduit ce saint patriarche avec sa troupe jusqu'aux confins de Chanaan : là ce saint homme fut reçu par l'Ange de Chanaan, accompagné d'une multitude d'Anges inférieurs, pour lui servir d'escorte et le défendre de ses ennemis. Chaque pays, selon le sentiment de saint Clément, a un Ange qui en prend soin ; les villes et les villages en ont aussi, et les familles même particulières, selon le jugement du savant Tostat : à plus forte raison les églises et les autels, comme il a plu à Notre-Seigneur de le révéler à plusieurs de ses saints.

Ainsi tout le monde est plein d'Anges, et il semble que la douceur de la divine Providence le demande : car, s'il est vrai, comme le témoignent quelques-uns, qu'il y a dans l'air un si grand nombre de diables que si ces esprits avaient des corps, ils y feraient comme une nuit en plein jour, nous ôtant la vue du soleil ; comment les hommes, qui ne sont que faiblesses, pourraient-ils résister à une telle force, s'ils n'étaient secourus par les bons Anges ? Or tous ces bons Anges ne sont pas dans tout cet univers pour n'y rien faire. Comme toutes les étoiles ont leurs influences particulières, de même tous ces Esprits bienheureux produisent des effets avantageux pour le bien des hommes, qui sont propres à un chacun d'eux, et, si nous savions toutes les faveurs que nous en recevons continuellement, il faudrait être plus dur que les pierres pour n'en être pas sensiblement touché. Mais c'est grande pitié que l'homme est tout chair, et ne pense guère qu'aux objets qui lui tombent sous les sens. On a beau lui parler des choses spirituelles, ou il ne les entend pas ou il s'en oublie avec facilité. Quoique le prophète Élisée pût dire à son serviteur de la protection de ces glorieux esprits, ce pauvre homme n'en était pas plus assuré, jusqu'à ce que Dieu, miraculeusement, lui ouvrit les yeux et les lui fit voir sous des formes sensibles. Ô que si Dieu, tout bon, nous faisait la même grâce, que nous découvririons de merveilles ! Ne laissons pourtant pas de bien considérer que toute la commodité et le bien que nous tirons de la terre, de l'air, de l'eau, du feu, des cieux et des animaux, et enfin de toutes les créatures, nous arrive par le ministère des saints Anges qui sont les fidèles ministres du seul Dieu que nous adorons, qui est admirable dans tous ses dons et qui en mérite des louanges immortelles à jamais.

SIXIÈME MOTIF

LES SAINTS ANGES NOUS ASSISTENT DANS LES CHOSES TEMPORELLES.

Après avoir parlé des bienfaits des Anges en général, il est bon de venir un peu plus aux faveurs particulières dont ils nous gratifient, afin que le cœur de l'homme soit inexcusable et qu'il soit obligé d'aimer à quelque prix que ce soit ; car si les bienfaits, *dit le dévot père de Grenade*, sont à l'amour ce que le bois est au feu qui s'enflamme de plus en plus et devient plus grand à proportion qu'on lui donne de la matière, quels feux et quelles flammes, quels incendies l'amour des Anges ne doit-il pas produire en nous, puisque nous sommes accablés de toutes parts, de leurs charitables bienfaits ? Vous diriez qu'ils ont résolu d'emporter le prix de l'amour, en la manière dont ils nous traitent si obligeamment, et en toutes sortes de faveurs dont ils nous honorent avec des profusions d'une libéralité sans pareille. Voyons cette vérité dans les choses temporelles, et puis nous la considérerons dans les spirituelles, qui conduisent à la grande et bienheureuse éternité ; et nous serons ensuite obligés d'avouer que dans l'amour des Anges l'on trouve toutes sortes de biens.

Les Anges ont soin de notre éducation corporelle, et ce furent ces glorieux esprits qui élevèrent dans le désert le petit saint Jean-Baptiste, que sa sainte mère y avait mené, fuyant la persécution d'Hérode, et qui y mourut quarante jours après sa retraite en cette solitude, laissant cet enfant béni âgé seulement de dix-huit mois, tout seul dans un désert, sans l'assistance d'aucune créature visible. Ils prennent soin de la nourriture de nos corps. Ils portaient à la bienheureuse Clère Indoise, dans une riche coupe, de la manne plus blanche que la neige et dont la délicatesse du goût surpassait celle des mets les plus agréables de la terre. Ils traitèrent et tirent bonne chère à saint Firme et à saint Rustique, martyrs. Ils portèrent à manger à Daniel dans le lac où il était détenu ; et le saint prophète Élie étant couché par terre, si fatigué qu'il n'en pouvait plus, en reçut une nourriture qui lui donna tant de force qu'elles furent suffisantes pour le faire marcher durant quarante jours, jusqu'à la sainte montagne d'Oreb. Ils donnent à boire à ceux qui ont soif. L'enfant d'Agar étant sur le point d'en mourir, ils lui conservèrent la vie par le moyen de l'eau qu'ils montrèrent à cette mère affligée. Ils donnent des habits aux hommes ; sainte Anthuse, vierge, en fut revêtue magnifiquement. Ils procurent des honneurs ; cent Anges parurent à la mort de la bienheureuse Agathe et lui firent son épitaphe. Ils élevèrent à l'honneur de l'épiscopat l'illustre saint Mellon, archevêque de Rouen, et à la première dignité du monde le souverain Pontife saint Grégoire le Grand. Ils récréent et donnent des plaisirs innocents : Saint François étant malade, ils touchèrent un instrument de musique pour le récréer. Ils donnèrent le même plaisir à Nicolas de Tolentin, six mois durant, auparavant sa mort. Ils firent entendre des concerts ravissants auprès du sacré corps de la Mère de Dieu, trois jours durant, pour la consolation de ceux qui approchaient de ce tabernacle divin. Ils donnèrent des roses à sainte Rosalie, dans un désert qui n'en avait jamais porté. Ils veulent contenter les désirs de leurs amis : sainte Agnès du mont Polician avait envie d'avoir de certaines reliques ; elle en reçut comme elle le souhaitait, par les mains de ces aimables Esprits. Ils font la fortune et enrichissent ceux qui les servent, quand cela n'est pas contraire à l'ordre de Dieu : ce fut par leurs saintes industries que Jacob devint riche auprès de son beau-père Laban. Ils obtiennent des enfants aux personnes mariées qui n'en ont pas, comme il se lit dans le livre des Juges, en la personne de Manué. Ils rendent les personnes éloquentes, comme il se voit en Isaïe. Ils font de beaux et riches présents, témoin ce tableau magnifique qu'ils donnèrent à sainte Galle, jeune veuve romaine. Ils tiennent compagnie dans les voyages ; nous en avons une forte preuve en la personne de Tobie, qui fut conduit, avec une bonté toute ravissante, par saint Raphaël. Ce même

Archange tint compagnie visiblement à saint Macaire le Romain, durant trois ans, l'ayant mené depuis sa sortie de Rome, dont ce saint s'était enfui le jour de ses noces jusque bien avant dans les déserts. Ils rendent visite et consolent les serviteurs de Dieu. Toutes les histoires des Pères du désert sont pleines des témoignages de cette vérité. Sainte Lyduvine en était souvent visitée ; souvent les martyrs, dans leurs prisons, recevaient cet honneur. Mais ne pensez pas, *dit le docteur Rupert*, qu'ils les aient seulement visités quand ils se sont rendus visibles ; ils leur étaient très présents lors même qu'ils ne les voyaient pas, les soutenant dans leurs peines, leur donnant des forces au milieu de leurs fers, et prenant même plaisir à compter toutes leurs plaies. Ç'a été un spectacle ravissant de les avoir vus essuyer avec un linge blanc, les sueurs d'un glorieux martyr et lui donner de temps en temps de l'eau à boire pour lui procurer quelque rafraîchissement à ses douleurs. Ô mon Dieu, ô mon Dieu ! qu'il fait bon souffrir quelque chose pour vous !

Mais s'ils nous procurent tous ces biens en cette vie, ils nous y assistent, ou nous délivrent de toutes sortes de maux. Ils délivrent de prison, ôtent les chaînes et mettent en liberté, comme l'Écriture nous l'apprend du Prince des Apôtres et l'unique chef de l'Église. Ils délivrent des flammes, comme il est rapporté en Daniel ; des incendies, comme nous le lisons en la Genèse : des lions, comme il se voit en la personne du prophète dont nous venons de parler ; de la calomnie, de l'infamie et de la mort, comme le Saint-Esprit nous le déclare de Suzanne ; du glaive, comme il est visible en la personne d'Isaac. Ils guérissent de toutes sortes de maladies, comme l'écrit saint Jean, le disciple bien-aimé, en son Évangile. Nous voyons, au quatrième Livre des Rois, comme ils soutiennent leurs amis et s'opposent à ceux qui leur veulent du mal ; ils prennent leurs querelles, prennent l'habit et la forme de soldats, et vont à la guerre pour eux. Nous en avons de prodigieux exemples dans les Macchabées. Enfin, il faudrait ici compter tous les maux dont nous pouvons être affligés, soit au corps, soit à l'esprit, soit dans les biens temporels, naturels, moraux, soit dans le particulier, soit dans le public, par les guerres, peste, famine ; soit par nos amis, soit par nos ennemis, pour marquer les différents secours que nous recevons des Anges, et pour apprendre à tous les peuples que ce sont les aimables et puissants protecteurs à qui il faut avoir recours en tous nos besoins, de quelque nature qu'ils puissent être. À la vérité, la divine Providence nous a donné les Saints pour défenseurs ; les uns pour la peste, comme saint Sébastien, saint Roch, saint Adrien ; les autres pour le mal de dents, comme saint Laurent, sainte Apolline ; ceux-ci pour le mal des yeux, comme saint Clair, sainte Luce ; d'autres pour la captivité, comme saint Léonard, saint Paulin. Ainsi dans l'ordre de la Providence l'on a recours particulièrement à un saint pour une chose, et à un autre saint pour une autre ; mais dans l'ordre de la même Providence, les Anges sont établis pour nous assister généralement en tous nos maux, et pour nous obtenir toutes sortes de biens. L'on ne peut mieux faire que de s'adresser à ces esprits charitables, et leur faire des dévotions particulières, ou leur en ordonner dans le public, pour apaiser la colère de Dieu, et pour en obtenir les miséricordes.

Admirons encore ici, avant que de finir, la protection des Anges dans l'exemple admirable que nous en donne l'Écriture. C'était un Ange qui conduisait le peuple de Dieu par cette colonne miraculeuse dont il est parlé dans l'Exode. C'était l'un de ces esprits immortels qui donnait le mouvement à cette colonne, qui a marché devant ce peuple l'espace de quarante ans, et qui lui montrait le chemin qu'il fallait tenir au milieu des déserts, dans lesquels l'on ne remarquait aucune route que l'on pût suivre. Il la faisait aller ou arrêter, selon le besoin qu'avait ce peuple de marcher ou de se reposer. Il la rendait visible, sous la forme d'une nuée durant le jour, et durant la nuit sous celle du feu. Il l'avait rendue épaisse, large, longue, afin qu'elle pût être facilement découverte par une si grande multitude de personnes, qui, selon l'opinion du savant Pérérius, tenaient environ cinq lieues de chemin. Il s'en servait pour leur faire ombre et les défendre des grandes et excessives chaleurs du soleil. Il lui fit quitter le devant de ce peuple, pour prendre le derrière, pour se placer dans cette colonne entre les Hébreux et l'armée de Pharaon, éclairant les Hébreux, et aveuglant ces infidèles, qu'il fit périr malheureusement dans les eaux de la mer Rouge, qu'il avait séparée en un instant, pour y faire marcher à sec les troupes qui étaient à Dieu. Toute l'armée des Égyptiens, composée de deux cent cinquante mille soldats, y fut submergée sans qu'il en restât un seul pour en porter la nouvelle. Je laisse à la piété de ceux qui liront cette admirable conduite, d'en méditer à loisir tous les effets. Pour peu qu'on les remarque, on en verra de si touchants, qu'il ne sera pas possible de n'être pas entièrement convaincu que les services que les Anges rendent aux hommes sont incomparables, et à en magnifier ensuite le saint nom du Seigneur, qui lui seul opère toutes ces merveilles par les ministres de sa cour céleste.

SEPTIÈME MOTIF

LES SAINTS ANGES NOUS RENDENT DE GRANDS SERVICES POUR L'ÉTERNITÉ.

Il n'y a, à proprement parler, qu'une seule affaire, qui est l'affaire des affaires, la seule grande et unique affaire, et c'est l'affaire de l'éternité. Tout ce qui ne tend pas là n'est rien, et c'est de la manière qu'il en faut penser et qu'il en faut parler. Ô que les honneurs, les plaisirs et les biens de ce monde périssable sont donc à mépriser ! Ô que tout ce qui passe est indigne de l'occupation d'une âme chrétienne ! En vérité, en vérité, tout le monde, et tout ce que le monde a de plus doux ou de plus affligeant, ne mérite pas que nous nous détournions un moment pour le regarder. Que nous verrons clairement ces vérités au moment de notre mort, et que nous les verrons dans peu ; car nous serons bientôt étonnés qu'il n'y aura plus de monde pour nous ! Ô la folie du cœur humain de s'y arrêter ! Plût à Dieu que cette vérité de l'Écriture ne partit jamais de devant nos yeux ! le monde passe et sa convoitise ; et que nous entendissions une bonne fois que tout ce qui passe ne doit point avoir de place dans nos cœurs. L'éternité est la seule chose qui nous doit remplir l'esprit ; et les services que l'on nous rend pour y arriver heureusement sont les grands services que nous devons considérer. C'est ici que l'amour des Anges est tout triomphant ; c'est en ce sujet qu'ils montrent bien qu'ils sont nos véritables amis, et que les secours qu'ils nous donnent sont tout à fait à estimer.

Ces bienheureux Esprits s'appliquent avec un zèle incroyable à nous procurer la vie de la grâce, qui est la vie de la glorieuse éternité. On les a vus, pour ce sujet, presser amoureusement des hommes apostoliques, pour aller annoncer l'Évangile aux peuples qui marchaient dans les ombres de la mort, comme il paraît en saint Paul et en saint François Xavier ; et dans cette vue ils ont bien même voulu accompagner les ouvriers divins qui travaillaient à établir la vie de l'éternité dans les âmes ; comme il est rapporté de saint Martial, qui avait pour compagnons de ses fonctions apostoliques douze Anges qui l'assistaient visiblement. Combien d'âmes reçoivent le saint baptême par leurs charitables soins, qui seraient mortes dans la mort du péché originel sans leur ministère ? Le père de Loret, de la compagnie de Jésus, rapporte sur ce sujet un exemple bien remarquable. Au mois de janvier de l'an 1634, en la ville de Vienne, en Autriche, trois âmes délivrées du purgatoire apparurent à un religieux de la même compagnie, pour le remercier de ce que par ses prières et par ses mortifications, elles allaient jouir du repos éternel. Le jour de votre naissance, lui dirent-elles, nos bons Anges nous en apportèrent la nouvelle, et nous promirent que vous seriez un jour notre libérateur, ce qui nous consola fort. Au reste, sachez que vous êtes bien obligé à votre Ange Gardien, parce que sans lui vous n'eussiez pas reçu le baptême ; la sage-femme vous avait tellement serré la poitrine et la gorge que vous eussiez été suffoqué, si cet aimable guide n'eût lâché quelque peu de langes pour vous donner la liberté de respirer.

Ces aimables Esprits ne se contentent pas de nous procurer cette vie bienheureuse ; mais comme des mères toutes pleines d'amour, ils ont tous les soins possibles de nous la conserver, de l'entretenir et de l'augmenter : c'est pourquoi ils s'appliquent si amoureusement à nous faire recevoir le corps adorable de notre bon Maître, qui est la vie de nos vies, et sans lequel nous ne pouvons avoir de véritable vie. Combien de fois ont-ils porté ce sacrement vivifiant du corps de Jésus-Christ dans les déserts, ou en d'autres lieux, pour conserver et accroître la vie des âmes à qui ils le donnaient ! Le bienheureux Stanislas, novice de la compagnie de Jésus, d'une pureté angélique et un ange de la terre, a été honoré de ces faveurs, et saint Onuphre nous fournit en sa personne un illustre témoignage de cette vérité. Ils n'oublient rien de tous les autres moyens qui peuvent nous servir pour notre établissement éternel. L'oraison est un des plus assurés et des plus utiles ; c'est par leur ministère que nos prières sont présentées devant le trône de la divine majesté : et entre tous les exercices de la vie spirituelle, il n'y en a point où ils nous soient plus présents pour nous y secourir. La mortification est la sœur germaine de l'oraison ; elles doivent être toujours ensemble, et ne se pas séparer. Que n'ont pas fait ces saints Esprits, et que ne font-ils pas continuellement pour nous mettre solidement dans la pratique de cette vertu, qui est tellement nécessaire que sans elle on ne peut rien attendre d'une âme ; car il est assuré que pour être véritablement Chrétien, il faut être véritablement mortifié. Ils ont paru plusieurs fois visiblement pour en faire de saintes leçons, et ils en ont donné des instructions dignes de leurs lumières.

Ils sont aussi saintement occupés à nous inspirer l'amour de toutes les autres vertus, et particulièrement l'amour de la pureté virginale ; car elle nous rend semblables à eux, elle nous fait leurs frères, dit saint Cyprien ; elle nous fait entrer plus intimement dans leur sainte amitié. Que ne font-ils pas pour la défendre ! ils donnent des combats, ils se travestissent, ils font mourir ceux qui l'attaquent, ils rendent invisibles les personnes qui la possèdent, pour les délivrer du péril ; ils changent tout en la nature, pour conserver une vertu qui, élevant l'homme au-dessus de l'homme, lui fait mener en terre une vie toute céleste.

Mais enfin, leurs grands soins vont à donner de l'amour pour l'aimable Jésus et l'aimable Marie. Comme ils savent que l'amour de ces sacrées personnes est l'âme de toutes les vertus, ils s'attachent fortement à le bien placer dans les cœurs. Saint Dominique a été l'un des plus fervents amants de Jésus et de Marie qui fut jamais, aussi était-il le bien-aimé des Anges. Il en recevait toutes sortes de secours durant ses longues veilles de nuit, qui le tenaient attaché au pied des saints autels pour y répandre son cœur, et soupirer à l'aise en la présence de son bon Maître, au très-saint Sacrement de l'autel, y invoquant avec larmes la protection de la très-sacrée Vierge. Quelque las qu'il pût être quand il allait par le chemin, il ne se lassait jamais de veiller les nuits en prières, et il tâchait de faire son possible à ce que ce fût devant l'adorable eucharistie. Les Anges, ravis de cet amour infatigable, se mettaient de la partie. Ces Esprits du ciel prenaient plaisir de se joindre à cet homme céleste. On les voyait venir avec des flambeaux, le prendre à la chambre où il s'était retiré, ouvrir les portes de la maison, et ensuite de l'église où ils le conduisaient ; et puis, quand il était temps, le reconduire en la même manière. Les domestiques d'un évêque, chez qui il était logé, s'étant aperçus de cette merveille, ils le témoignèrent à leur prélat, qui, ayant épié le saint homme vers le temps que cette merveille arrivait, eut la consolation d'en être le spectateur, et eut lieu d'admirer la bonté des Esprits célestes envers les hommes.

Mais parce qu'il est nécessaire, pour la pratique de la vertu, d'avoir l'esprit éclairé et la volonté touchée, ils ne manquent pas de donner des lumières à l'entendement, et de pieux mouvements au cœur, éclairant l'entendement quelquefois, et touchant la volonté par la manifestation de quelques vérités cachées sous des similitudes sensibles ; mettant dans l'imagination quantité de saintes espèces qui produisent de bonnes pensées ; agissant sur les sens extérieurs et intérieurs ; remuant les esprits et les humeurs de nos corps, et excitant les passions dans l'appétit sensitif. Ils révèlent les plus divins mystères de la religion. C'est par eux que la loi ancienne a été donnée, et les plus grandes vérités de la nouvelle manifestées. Toute l'ancienne loi est pleine de révélations faites par les saints Anges ; et dans la nouvelle ils ont annoncé à la glorieuse Mère de Dieu le mystère adorable de l'Incarnation, aux pasteurs la naissance du Fils de Dieu ; à saint Joseph la Conception du Verbe incréé dans les pures entrailles de sa virginale épouse, et le lieu où il devait mener le saint Enfant pour le délivrer de la persécution d'Hérode ; aux Maries, la résurrection de notre Sauveur ; aux disciples, sa venue redoutable au dernier jour du jugement.

Ils pensent de plus, et n'oublient rien pour nous préserver du péché, et pour nous en délivrer quand nous y sommes tombés ; tantôt par des vues puissantes du paradis, ou de l'enfer, ou de l'éternité ; tantôt par la considération des effets funestes qui suivent le crime ; quelquefois par de fortes pensées de la mort, de la brièveté de la vie ; d'autres fois par les exemples des saints, ou par la punition des pécheurs. Ces lumières, qui quelquefois nous ouvrent subitement les yeux de l'âme aux plus grandes vérités, ces mouvements inopinés qui nous surprennent lorsque nous y pensons le moins, et qui nous touchent si efficacement, nous arrivent par le ministère des bons Anges. Il y a des moments heureux où l'on se trouve le cœur étrangement pressé d'être à Dieu, sans cependant en savoir la cause ; et même au milieu d'une récréation, d'un divertissement, d'un festin, en de certaines rencontres, dans le temps même que l'on est résolu de se laisser aller au crime. Ce sont les Anges qui font ces grands coups de salut, si l'on en veut faire bon usage ; nous obtenant de la miséricorde de Dieu de fortes grâces, et faisant de leur part des merveilles dans nos sens intérieurs et extérieurs ; réprimant nos passions, éloignant les empêchements à l'usage de la grâce, terrassant les démons, et nous facilitant tous les moyens propres pour nous rendre fidèles aux attraits de l'esprit de Dieu. Ils nous découvrent les grandes et petites fautes ; ils font voir les imperfections ; ils manifestent les oppositions les plus cachées que nous avons à l'esprit de la grâce ; ils nous portent à la pénitence, à faire une bonne confession, à satisfaire à la justice divine ; et souvent ils ont pris des corps pour paraître visiblement, et par ce moyen pouvoir entretenir les hommes d'une manière plus sensible de l'affaire de leur salut.

Enfin, ils nous animent et nous donnent courage dans les choses difficiles ; ils nous consolent dans les travaux et dans les souffrances ; ils nous soutiennent pour nous faire persévérer dans la vertu ; ils nous obtiennent de la force dans les peines d'esprit, et parmi les scrupules ; ils nous conduisent dans les voies les plus obscures ; ils relèvent nos esprits abattus ; ils donnent de la joie, et procurent cette paix qui surpasse tout sentiment, mettant le fond de l'âme, parmi même tous les orages et toutes les tempêtes qui s'élèvent contre son gré dans la partie inférieure, dans une tranquillité que rien ne peut troubler. C'est le propre de ces esprits de donner de la joie et de la paix : aussi voyons-nous que saint Raphaël saluant le jeune Tobie, lui désire une joie continuelle, et en le quittant il lui souhaite la paix. Il ne tient pas aux saints Anges qu'elle ne règne dans l'intime de nos âmes ; mais l'attache aux choses créées nous en empêche. Pour être toujours dans la paix, il faut toujours être à Dieu seul.

HUITIÈME MOTIF

LA PROTECTION DES SAINTS ANGES CONTRE LES DÉMONS, PARTICULIÈREMENT AU SUJET DE LEURS DIFFÉRENTES TENTATIONS, DONT IL EST ICI TRAITÉ.

Toute notre vie, dit le dévot saint Bernard, n'est qu'une tentation ; et il avait pris cette doctrine de l'Écriture qui nous enseigne la même vérité. Tentation au dehors, tentation au dedans. Tentation de la part des créatures, nos semblables ; tentation du côté de nous-mêmes. C'est une chose étrange, que nous nous soyons à nous-mêmes de dangereux ennemis ; que nous soyons obligés de nous tenir sur nos gardes, et de nous défier de nous-mêmes, puisque notre perte vient de nous, qui souvent travaillons de toutes nos forces à notre ruine : mais nous avons encore d'autres combats à donner contre des ennemis puissants en leur force, cruels en leur rage, redoutables en leurs ruses, innombrables en leur multitude, infatigables en leur poursuite. Ajoutez à cela que ce sont de purs esprits, qui frappent sans être vus, qui entrent partout, qui en bas, quoiqu'invisibles, voient tout ce que nous faisons, et qui combattent avec des personnes très faibles, lesquelles marchent au milieu d'une sombre nuit, dans des chemins tout glissants, où l'on ne peut presque se soutenir, et qui sont environnés de tous côtés de précipices effroyables, qui sont suivis de malheurs qui ne finiront jamais, et qui sont extrêmes dans leur grandeur. Ô que si les hommes méditaient bien ces grandes vérités, s'ils donnaient un peu de lieu à la lumière surnaturelle, qu'ils changeraient bien de vie ! Ce serait pour lors assurément qu'ils serviraient le

Seigneur avec crainte, et que leur chair serait transpercée de la frayeur des maux épouvantables où nous sommes continuellement exposés, et à qui, hélas ! nous ne pensons guère.

Ô qui que vous soyez, qui lisez ces choses, ne les lisez pas sans y faire de grandes attentions ! Ces combats que vous allez voir font une guerre qui ne regarde pas seulement le royaume où vous vivez, et les personnes que vous aimez ; c'est à vous-même qu'elle est déclarée ; c'est vous que ces ennemis furieux attaquent ; c'est avec eux qu'il vous faut combattre ; c'est de leur force et de leur ruse que vous, qui n'êtes qu'une pure faiblesse et sans lumière, devez triompher : ou il faut que vous soyez damné pour un jamais. Répétez ces mots effroyables : damné pour un jamais, damné pour un jamais. Mais en bonne vérité, savons-nous bien ce que nous disons quand nous parlons de la sorte ? et si nous le savons, pourquoi vivre comme des gens qui n'en ont jamais entendu parler ?

Mettons-nous donc en la présence de la divine Majesté ; et après un désaveu de cœur, pour l'amour de Dieu seul, de tous nos péchés, rentrons en notre intérieur. Après en avoir calmé toutes les passions, considérons, dans la tranquillité de notre âme, que les démons sont nos ennemis enragés, qui ont tous conspiré de nous perdre éternellement ; car ils sont si cruels dans leur rage, qu'ils ne s'attachent pas seulement, comme les ennemis de la terre, à nous ôter une vie du corps, qu'il faut tôt ou tard perdre, ou à nous ravir nos biens, notre honneur, nos amis : mais ils en veulent à notre âme pour la priver d'un empire éternel, pour lui enlever une joie et un honneur achevé de tout point, et pour l'engager dans des tourments que l'œil de l'homme n'a jamais vus, que l'oreille n'a jamais entendus, et que l'esprit ne s'est jamais pu figurer : et cela pour une éternité, pour nous faire souffrir ces tourments inconcevables, dans des rages et désespoirs continuels, autant que Dieu sera Dieu. C'est pourquoi dans l'Écriture, pour nous en donner quelque petite idée, ils sont appelés loups, lions et dragons, leur cruauté ne pouvant jamais être assez bien expliquée.

Cette rage est accompagnée d'une telle puissance, que nous lisons au chapitre 41 de Job, qu'il n'y a point de force en la terre qui lui soit comparable ; et au chapitre 42 que le diable ne craint personne. Tous les hommes unis ensemble ne pourraient lui résister sans un secours particulier du ciel ; et les millions de soldats rangés en bataille ne seraient à cet esprit que comme un peu de paille que le vent emporte. Aussi ces Anges de ténèbres sont-ils appelés, dans l'Écriture, les puissances ; ils y sont nommés les princes et les gouverneurs de ce monde corrompu, la plupart des hommes s'étant assujettis par le péché à leur détestable tyrannie.

Il faut ajouter à leur rage et à leur force une infinité de ruses malicieuses dont ils se servent pour nous séduire, avec des inventions si subtiles et si méchantes que les plus sages en ont été trompés, et les plus éclairés en sont tombés dans l'aveuglement. C'est pourquoi l'Apôtre appelle le diable celui qui tente ; et le nom que lui donne l'Évangile est celui de tentateur. Il est encore nommé dans l'Écriture, tantôt dragon et serpent, tantôt chasseur, menteur, et le père du mensonge, un esprit d'erreur et de vertige. Le serpent, dont il avait pris la figure, est le plus rusé des animaux, comme nous lisons dans la Genèse ; et ayant trompé nos premiers parents par finesse, il a continué dans la suite de tous les siècles à tenter les hommes par cette voie, voyant que c'est le moyen le plus propre pour en venir à bout, et pour mettre à exécution ses plus cruels desseins. La durée des temps ne lui sert qu'à le rendre plus habile dans ses fourbes, et de là vient que les dernières hérésies sont ordinairement les plus subtiles. Les tentations dont il se sert deviennent tous les jours de plus en plus dangereuses, et c'est ce qui nous doit bien donner lieu de trembler, puisque nous devenons plus faibles et nos ennemis plus redoutables. Comment, lui disait un jour le grand Pacôme, peux-tu avancer les choses que tu me soutiens devoir arriver à mes religieux ? Ne sais-tu pas bien qu'il n'y a que Dieu seul qui connaisse le futur, ou ceux à qui il lui plait de le révéler ! Il est vrai, répartit ce démon, je ne le sais pas ; mais la grande expérience que j'ai des choses m'en donne des conjectures si fortes, que souvent je les prévois avec facilité auparavant qu'elles soient arrivées.

C'est donc un ennemi que les hommes ont dès le commencement du monde, et qui, depuis six ou sept mille ans, s'est exercé jour et nuit sans aucun relâche à leur dresser des embûches en toutes choses. Saint Antoine vit un jour le monde plein de pièges, les airs, la terre, les mers et tout le reste des eaux. Il y a des pièges tendus pour la perte éternelle des âmes, dans les déserts et solitudes, au milieu des villes et assemblées, dans les palais et châteaux, dans les plus petites cabanes, dans les honneurs et les bassesses, dans les plaisirs et les souffrances, dans les richesses et la pauvreté, dans les cloîtres et dans le monde, dans le boire, le manger, les veilles, le dormir, dans les exercices les plus saints. Cet ennemi a des traits et des flèches tout prêts à décocher en toutes sortes de lieux, et sur toutes sortes de personnes. Il glisse la médisance dans les entretiens, des pensées sales dans les conversations entre personnes de différent sexe : quand l'on nous dit quelque chose qui nous fâche, à même temps il ne manque pas de nous porter à la colère ou à la vengeance. Il se met en toutes manières, il prend toutes sortes de figures. Quelquefois, comme le remarque saint Augustin, il prendra la forme d'un loup, et d'autres fois celle d'agneau : en de certaines occasions, il vient nous battre au milieu des ténèbres, et en d'autres, il nous attaque en plein midi. Il y a un démon appelé dans l'Écriture, le démon du midi.

Il s'accommode merveilleusement bien à nos humeurs, et dès notre enfance il étudie nos inclinations, il prend garde au penchant de notre nature, à ce qui domine le plus en nous ; et c'est là qu'il dresse particulièrement sa grande batterie, comme un général d'armée, bien expérimenté au fait de la guerre, qui attaque une ville par l'endroit le moins soutenable. Il nous prend par notre faible ; il fait naître mille occasions de lier des amitiés à ceux qui sont portés à l'amour : il portera à l'impureté et aux plaisirs de la vie les personnes qui ont le sang chaud ; les atrabilaires, à la vengeance ; les mélancoliques, à la tristesse, à l'abattement de courage, au désespoir ; les colères, aux querelles ; les flegmatiques, à la paresse ; les timides, à l'avarice ; les naturels élevés, à l'ambition des charges et des honneurs. Il a dans ses pièges des amorces pour y prendre toutes sortes de personnes, les donnant selon l'inclination d'un chacun, et selon l'honneur qu'il aperçoit dominer davantage.

Pour y réussir mieux, il ne fait voir que ce qui est agréable dans les honneurs ou plaisirs, y cachant subtilement le mal qui s'y rencontre, comme le pêcheur son hameçon dans la nourriture qu'il prépare aux poissons. Il empêche que les voluptueux ne pensent aux infâmes maladies, au déshonneur, à la dissipation des biens qui suivent l'impureté. Il fait de même à l'égard de tous les autres vices ; il ne remplit l'imagination que de ce qui plaît à l'humeur, et détourne la vue du malheur éternel, qui est le grand mal, et le souverain et unique mal, qui est caché dans ce bien apparent et trompeur.

S'il remarque ne rien gagner par une tentation, parce que quelquefois l'âme, avec le secours de la grâce, y veille extraordinairement, il l'attaque par plusieurs. Il imite les tyrans qui, voulant pervertir les Chrétiens, et les faire renoncer à leur sainte foi, se servaient de toutes sortes de moyens pour réussir dans leur entreprise ; tantôt leur proposant de belles alliances, de riches partis, la douceur des plaisirs de la vie ; tantôt de glorieuses charges et une fortune élevée. Et quand ces généreux martyrs se rendaient imprenables à tout ce qui pouvait agréer aux sens, ils tâchaient de les surmonter par la peur des tourments et tout ce qu'il y a de plus horrible en ce monde. Ainsi le démon fait la guerre aux hommes par tout ce qui peut charmer les sens ou satisfaire à l'esprit ; et lorsqu'il ne gagne rien par cette voie, il prend celle des peines, soit extérieures, soit intérieures. Il se sert de maladies, de pertes de biens, de réputation, de délaissement de nos amis, du mauvais traitement que l'on nous fait, des contradictions que nous avons, de tristesses, d'ennuis, de nos mauvaises humeurs, d'angoisses intérieures, de dégoûts, de scrupules, et d'autres peines très grandes qu'il nous fait porter à l'égard de Dieu et des hommes.

Une de ses grandes occupations est de bien prendre son temps ; ainsi il tentera de l'impureté dans le temps où l'on y sera plus porté, et aussitôt qu'il remarquera quelque émotion violente dans les sens, dans une occasion où le temps, le lieu et la personne y donneront plus de facilité, en quelque rencontre où il y aura plus de peine à s'en défendre, comme, par exemple, lorsqu'une fille destituée de tout secours voit sa pudicité combattue par des offres qu'on lui fait de la mettre à son aise ; ou bien il portera au péché quand l'on est moins sur ses gardes, dans un lieu de campagne où l'on a moins de secours spirituels, le jour que l'on n'aura pas fait l'oraison, ou bien que l'on se sera relâché de ses autres exercices spirituels ; dans le temps de la tiédeur, de l'abattement, de l'inquiétude, du découragement ; lorsqu'il y a quelque temps que l'on ne s'est pas approché de la confession et de la communion, ou bien dans l'état de privation des goûts et consolations sensibles.

Quelquefois ces malheureux esprits feignent de se retirer, comme ces généraux d'armées qui lèvent le siège de devant une ville pour retourner sur leurs pas et la prendre lorsqu'on y pense le moins. Ils dissimuleront longtemps pour mieux faire leur coup. Par exemple, vous verrez des personnes de différent sexe, soit mariées ou non, qui lieront de fortes amitiés n'ayant aucune intention mauvaise, et il se passera quelquefois des années entières sans que les uns ni les autres pensent au mal. Les démons ne les tentent pas, parce que comme ce sont des personnes qui craignent Dieu, elles auraient de la peine de leur amitié si elles en remarquaient le danger ; mais quand ils voient les cœurs bien pris, et la familiarité bien établie et sans crainte, pour lors ils font leurs efforts, et souvent avec des succès qui ne sont que trop funestes. Ainsi ils laisseront engager dans le jeu, dans les divertissements, dans les belles compagnies, dans la lecture des romans, dans la bonne chère et choses semblables, comme le bal ou les promenades un peu libres : et en tout cela ils travailleront afin que les âmes ne s'aperçoivent pas que l'esprit de dévotion se ralentisse en elles : ils empêcheront même plusieurs fautes qu'on y pourrait commettre, afin que ces gens y étant fortement engagés ne puissent que difficilement s'en déprendre, ce qu'ils pourraient faire avec facilité dans le commencement ; et étant ainsi pris, ils tentent avec force et leur font ressentir, mais trop tard, le danger où ils se sont exposés sans l'avoir reconnu.

Ils amusent par une fausse paix plusieurs qui sont dans le vice ou dans l'erreur, leur faisant faire quantité d'aumônes, de mortifications, de prières et œuvres semblables, leur procurant de belles lumières, des consolations sensibles, une tranquillité de conscience apparente : et ils trompent de la sorte plusieurs personnes qui sont dans l'hérésie, et qui y demeurent prises par ces belles apparences de vertu, qui servent même aux démons pour y attirer ceux qui en étaient bien éloignés : c'est pourquoi les hérésies qui se masquent de la piété sont bien plus dangereuses que celles que le pur libertinage introduit. J'ai connu un serviteur de Dieu, qui étant tourmenté par de fâcheuses tentations, et en même temps fort porté à embrasser une opinion hérétique, dès lors qu'il délibérait en quelque façon de prendre cette opinion, toutes ses tentations le quittaient ; ces esprits d'enfer se servant de cette ruse pour lui persuader qu'il pouvait en bonne conscience suivre ce sentiment. Souvent il arrive qu'ils usent de cette adresse pour ôter les remords de conscience de ceux qui quittent la religion catholique, faisant qu'ils ne les sentent presque plus, et les portant à la pratique de quantité d'actions fort vertueuses en apparence. Ils s'en servent encore à l'égard de certaines âmes qui, ayant peur de leur perte, à raison de quelque péché mortel où elles sont engagées, tâchent d'apaiser leur conscience par de bonnes œuvres, et de leur ôter ainsi, s'ils peuvent, la juste crainte de leur damnation.

Ces malheureux esprits étudient, autant qu'ils peuvent, les desseins de Dieu sur une âme, pour lui donner le change dans les voies de la grâce, la tirant de celle où elle est appelée. Ils feront entrer dans le cloître celui qui est appelé à servir l'Église dans le monde ; et ils arrêteront celui qui est appelé au cloître, à demeurer prêtre vivant avec les séculiers. S'ils remarquent une grâce étendue dans une personne, et une grande vocation pour travailler en plusieurs lieux pour le bien des âmes, ils tâcheront de l'arrêter à quelque cure, quelque prébende, ou autre bénéfice qui demande résidence. Le saint homme Avila, bien éclairé de cette vérité, ne voulut jamais consentir aux propositions que lui fit un grand prélat pour l'arrêter dans son diocèse ; l'événement a bien fait voir que la gloire de Dieu y était intéressée. Ce fut encore la cause qui pressa plusieurs grands personnages de la Compagnie de Jésus, comme il est rapporté dans leur histoire, de résister aux puissantes poursuites que l'empereur leur faisait de prendre des évêchés, outre la raison particulière qu'ils en ont d'autre part ; parce que, disaient-ils ; il faut travailler dans plusieurs diocèses. Il faut, disait feu monsieur Vincent* à un ecclésiastique de grande piété, qui quittait une cure que son oncle voulait lui donner, pour entrer dans la congrégation de la Mission ; il faut, disait-il, être curé du monde.

Il y en a d'autres dont la grâce n'est pas si générale, qu'ils porteront à embrasser trop d'emplois ; et les épuisant, les rendent inhabiles à des fonctions plus resserrées que Dieu demande d'eux. Il y a des directeurs qui ont grâce pour les âmes qui commencent dans les voies de la vertu ; il y en a qui ont grâce pour celles qui sont avancées ; il y en a qui ont des talents admirables pour celles qui sont dans les voies les plus parfaites. L'on a remarqué dans notre siècle, qu'un des plus grands serviteurs de Dieu qui y ait paru avait une grâce prodigieuse pour les âmes les plus parfaites, et très peu ou presque point pour la conversion des pécheurs. Il se rencontre aussi de saints personnages qui ont des bénédictions incroyables pour tirer les âmes du péché, mais qui en ont peu pour les conduire à une éminente sainteté. C'est une chose rare que d'en trouver dont la grâce s'étende sur toutes sortes

---

* Aujourd'hui saint Vincent de Paul.

d'états : l'occupation des démons est d'appliquer les directeurs hors de leurs grâces, et de leur faire entreprendre ou trop ou trop peu, dans le soin des âmes que Dieu leur adresse. Un grand homme de notre temps, assez connu par plusieurs tomes de méditations qu'il a données au public, disait à une personne qui lui demandait avis : Je n'entends rien dans cette voie. Et un autre religieux de cette même congrégation répondit à une personne qui lui demandait ses sentiments sur son état : Je n'ai de lumières que jusque-là. C'étaient des âmes véritablement à Dieu, qui, malgré la haute estime où elles étaient, ne rougissaient pas d'avouer qu'il y avait de certains états dans la vie spirituelle où elles n'avaient pas d'entrée pour y conduire les autres.

Ces esprits artificieux inspirent la solitude à ceux que la grâce mène aux emplois extérieurs pour le prochain, et donnent de l'inclination pour la vie conversante à ceux qu'elle attire à la retraite. Ô combien, écrit dans une de ses épîtres le saint homme Avila, que nous avons déjà cité, combien y a-t-il de personnes qui prennent les ordres sacrés, et s'ingèrent dans le sacerdoce par les instigations des diables qui, voyant bien leurs défauts et leurs inclinations vicieuses, savent assez les profanations et sacrilèges qui en arriveront, lorsque ces prêtres seront obligés de célébrer presque tous les jours le saint sacrifice de la messe ! plusieurs de ces gens-là se seraient sauvés dans le mariage.

Ils tentent les pères, mères et parents de l'amour du bien ou de l'honneur, pour, dans ces vues, obliger leurs enfants à prendre des états où Dieu ne les appelle pas : ainsi on les fera entrer dans l'état ecclésiastique, ou dans un cloître, pour le soulagement de la famille, ou pour avoir de l'honneur : par ces mêmes motifs on les pressera d'accepter une charge de judicature, quoiqu'ils n'aient pas, ou la science requise, ou l'application nécessaire pour s'acquitter dignement des devoirs d'un bon juge, d'un bon avocat, ou des obligations d'une autre charge qu'on leur mettra entre les mains. La plupart des gens font toute autre chose qu'ils ne devraient faire, par les tromperies de ces méchants esprits.

S'ils ne peuvent pas nous détourner des voies de la grâce, ils s'y mêlent, nous y faisant faire les choses d'une autre manière que Dieu ne veut. Dieu demande d'une âme les jeûnes, les veilles, l'exercice de la sainte oraison : ils feront trop jeûner, trop veiller, trop parler. C'est, dit le pieux Grenade, une tentation ordinaire à ceux qui commencent de servir Dieu, et qui se rendent souvent par ces excès, inhabiles à ce qu'ils devraient ou pourraient faire dans la suite du temps. Ils font en sorte que l'on ne s'aperçoive pas du mal que l'on se fait à l'esprit et au corps, afin de ruiner l'un et l'autre avec plus de loisir, sous prétexte que l'on n'est pas incommodé de ces pratiques. Dieu demande la perfection : ils y poussent avec un empressement naturel, qui ne vient que d'amour-propre. Dieu veut que nous ayons regret de nos fautes ; ils mêleront l'inquiétude, le découragement, le chagrin et le dépit. Dieu demande que nous travaillions à notre sanctification, avec le secours de sa grâce ; ils n'oublieront rien pour nous mettre dans l'impatience, pour nous décourager, nous faisant voir, par les fautes réitérées que nous commettons, que c'est une chose qui nous est comme impossible. Ils feront tous leurs efforts pour nous faire aller devant la grâce, ou après, nous faisant faire les choses hors les temps que Dieu a ordonnés. Il faut faire le bien, et faire celui que Dieu veut de nous, en la manière qu'il le veut, dans le temps qu'il a ordonné. Saint Philippe de Nery assurément était appelé au sacerdoce ; mais l'ordre de Dieu sur lui était qu'il y entrât dans un âge déjà assez avancé : jamais aussi il ne se voulut rendre aux prières qu'on lui fit de prendre les ordres sacrés auparavant ce temps-là. L'adorable Jésus était venu au monde pour y immoler sa divine vie pour le salut du monde ; il s'enfuit et se cache jusqu'à ce que le temps prescrit par son Père éternel soit arrivé. Il a mis les temps et les moments en sa puissance, dit ce débonnaire Sauveur : ce n'est donc pas à nous de le prévenir ou de reculer quand il est arrivé. Cet aimable Maître devait mourir ; mais il fallait mourir dans le temps que son Père éternel avait ordonné. Le silence est une vertu, cependant saint François le reprit en l'un de ses religieux : il y avait de l'excès.

Dieu demande des âmes l'exercice de la sainte oraison ; les démons arrêteront à l'oraison de discours, ou à la méditation, celles qui ont attrait de l'Esprit divin pour la contemplation ; ils en élèveront à la contemplation d'autres qui doivent encore marcher par la voie du discours. Ils feront passer de la contemplation active à la passive les âmes que l'Esprit de Dieu n'y introduit pas ; celles qui y sont introduites, ils leur en donneront et feront donner de la peur. Ils donneront des consolations sensibles pour tirer de la pure foi ou pour débiliter les forces du corps ; ils occuperont trop l'imagination et l'esprit, et tâcheront de gâter le cerveau. Ils se transfigureront en Anges de lumière par de fausses visions, révélations, paroles intérieures ; et leurs ruses sont si artificieuses, qu'ils feront prendre pour des vues purement intellectuelles leur opération, qui est quelquefois si subtile, qu'en apparence il semble que les sens extérieurs et intérieurs n'y aient aucune part, et que ce soit une opération surnaturelle et par suite de l'Esprit de Dieu, afin que l'on s'y fie, et qu'on tombe plus fortement dans l'illusion.

Dieu veut que l'on se confesse : ils feront approcher de ce sacrement par amour-propre pour être au plus tôt soulagé de ses fautes, non pas tant par amour de Dieu et mouvement de la grâce que par amour de soi-même, parce que la superbe a de la peine de se voir en cet état humiliant ; aussi ces personnes qui s'en approchent de la sorte retombent encore plus lourdement : l'on peut se confesser tous les jours, et plusieurs fois par jour, ce que quelques saints ont fait, mais il faut le faire comme eux.

Dieu demande que l'on communie : les démons empêcheront la fréquentation de ce sacrement d'amour ou ils en feront approcher trop souvent des âmes qui n'y ont pas les dispositions nécessaires, et quelquefois même qui y sont attirées par un mouvement secret de leur amour-propre, quoiqu'elles ne le voient pas. Un écolier, un régent, un prédicateur, un juge, un évêque, doivent faire l'exercice de leurs charges, et vaquer aux obligations de leur état : les démons, sous prétexte de retraite, de dégagement du monde, de l'application à la prière, les feront laisser leur étude, le soin des procès, l'attention à leur diocèse ; et d'autre part, sous prétexte d'études, d'affaires, des grands soins que demande l'épiscopat, ils les occuperont tout au dehors ; et le prélat, le juge, le prédicateur ne feront qu'étudier, que parler d'affaires, que converser avec les hommes, sans donner presque aucun temps à l'oraison et à la conversation avec Dieu.

Ô mon Dieu ! à combien de misères le cœur humain n'est-il pas réduit par les ruses de ces ministres de l'enfer, même dans les voies les plus spirituelles ! Le vénérable père Jean de la Croix, personnage d'une admirable sainteté, nous enseigne qu'il se rencontre dans ceux-mêmes qui tendent à la perfection, une secrète satisfaction de leurs bonnes œuvres, une envie de faire leçon de la vie spirituelle, une démangeaison d'en parler. Les diables, dit ce grand maître du chemin de la perfection, les portent à faire quantité de bonnes œuvres par amour-propre. Quelquefois ils font paraître leur dévotion par des signes extérieurs, comme gestes, soupirs, et parlent facilement de leurs vertus, ayant cependant de la peine jusque dans le confessionnal à déclarer nettement leurs péchés. En de certains temps, ils tiennent peu de compte de leurs fautes, et en d'autres, ils s'en attristent avec excès. Ils ont de la peine à louer les autres, et sont bien aises d'être loués. Ils ne se contentent jamais des dons et des grâces de Dieu, de conseils, d'avis, de livres ; ils se chargent de pièces curieuses de dévotion. Quand ils n'ont pas de dévotion sensible, ils s'en fâchent contre eux et contre les autres. Ils s'irritent contre les vices d'autrui d'un zèle inquiet, et les reprennent dans ce zèle. Ils voudraient être saints en un jour, et ont des désirs si naturels et si imparfaits de la perfection, que plus ils font de bons propos et plus ils tombent. Ils tâchent de se procurer du goût dans leurs exercices, s'emportent dans des excès d'austérité qu'ils cèdent quelquefois à leurs directeurs ; ils contesteront avec leurs pères spirituels pour les faire entrer dans leur sentiment. Ils se relâchent et s'affligent quand on leur contredit, et croient que tout ne va pas bien lorsqu'on les tire de leurs pratiques. Ils pensent qu'on ne comprend pas leurs voies, lorsqu'on résiste à leurs pensées. Ils voudraient que Dieu fît leur volonté : d'où vient qu'ils pensent que ce qui n'est pas à leur goût n'est pas la volonté de Dieu. Ils ont de l'envie du bien spirituel de leur prochain, et supportent avec peine de s'en voir devancés dans les voies de l'esprit ; enfin leur goût n'est pas pour la croix et la pure mortification, l'abnégation de soi-même et l'entier anéantissement.

Ce n'est pas que dans les peines les diables ne s'y mêlent, invitant quelquefois à désirer des croix, prévoyant bien que certaines âmes n'en feront pas bon usage ; ou les poussant à s'en procurer, ce qui n'arrivant pas par l'ordre de Dieu, il est facile d'y succomber, ou leur donnant lieu d'augmenter celles qui viennent de la divine Providence. Par exemple, Dieu enverra quelques peines d'esprit, qu'il faut porter avec patience et résignation ; ils porteront les personnes qui les souffrent à y rêver, à faire trop de réflexion, et par suite à les accroître par elles-mêmes. Comme ils cachent le mal qui se rencontre dans les plaisirs illicites, ils ôtent la vue du bien qui est renfermé dans les peines ; ils n'en font voir que ce qui peut faire souffrir, dans le dessein de porter à l'impatience, à l'ennui, au désespoir, aux murmures contre la divine conduite. Ils travaillent puissamment pour faire entrer les âmes dans le découragement, leur faisant voir leurs maux sans remèdes, ne leur faisant envisager que la vie présente, et les poussant à bout. Ils donnent même de pénibles tentations à l'égard de Dieu, par des peines contre la foi, par des pensées que l'on est réprouvé, par des doutes du consentement au péché ; brouillant l'imagination et laissant l'esprit inquiet, parce que l'on ne sait si l'on a consenti à la tentation ou non ; donnant des scrupules au sujet des confessions que l'on s'imagine n'avoir jamais bien faites ; faisant réitérer des confessions générales mal à propos, et souvent les confessions ordinaires, par la peur que l'on a de n'avoir pas tout dit ou de s'être mal expliqué ; tenant le cœur dans l'angoisse ; car, comme ce sont les esprits hors de toute espérance, hors de tout ordre, et toujours dans des inquiétudes inexplicables, les effets qu'ils produisent sont convenables à leur malheureux état. Ils causent partout où ils sont le trouble, le découragement, la tristesse et le désordre, et ils ne peuvent rendre les hommes compagnons de leur misère en l'autre vie, au moins ils tâchent de les y faire participer en la vie présente. Dans les contradictions extérieures, ils suscitent nos proches, nos amis, des personnes que nous avons obligées, comme il se voit en la femme de Job, pour nous irriter, nous représentant dans l'imagination leurs ingratitudes et leurs injustices.

Quelquefois, Dieu le permettant ainsi, ils s'emparent de l'imagination des gens de bien, même d'une telle façon qu'ils leur font voir les choses tout d'une autre manière qu'elles ne sont, rendant inutile par ce moyen tout ce que l'on peut dire et faire au contraire. Ce saint homme, le père Jean de la Croix, fut empoisonné par les religieux de son ordre, et étrangement maltraité : on lui ôta même l'habit de religieux comme à un incorrigible. L'on s'étonne qu'un si grand serviteur de Dieu ait été traité de la sorte par des gens de bien ; mais il n'en faut pas être surpris : Dieu ayant dessein d'en faire un homme de souffrance, il permit au diable de l'exercer cruellement ; et pour ce sujet ces esprits d'artifice ne le faisaient voir aux religieux qui le tourmentaient que comme une personne désobéissante et nullement soumise : et ces pensées ne manquèrent pas d'apparence, car, dans un chapitre que l'on avait tenu dans l'ordre, plusieurs braves religieux, supérieurs en charges et gens de doctrine, et considérables par leurs qualités, avaient ordonné que le père Jean de la Croix ne se mêlerait plus dans les affaires qu'il avait commencées ; ainsi on ne le regardait que comme rebelle. L'on ne manquait pas de dire que ses desseins, quelque bons qu'ils fussent, étaient à rejeter, puisqu'on lui faisait défense d'y plus penser ; qu'au reste c'était une personne sans conduite, qui n'était propre qu'à faire grand bruit et bien brouiller dans l'ordre du Carmel, par son zèle indiscret et emporté. Tout ce que l'on alléguait au contraire n'était nullement considéré ; mais cette vérité est toute sensible en la dernière persécution qu'il endura à la mort, par le prieur de la maison où il était malade. Ce prieur, quoique religieux réformé, et dans le commencement de l'une des plus saintes réformes qui ait jamais été, dans un temps où les prémices du plus pur esprit de ce saint ordre étaient communiquées en abondance, interprétait toutes les actions de l'homme de Dieu d'une étrange manière, ce qui lui donnait lieu de l'exercer puissamment. C'est une chose étonnante que son provincial, passant par ce monastère, fit ce qu'il put, et par son autorité et par ses raisons, pour adoucir l'esprit de ce prieur ; mais tout cela en vain : le démon, qui était dans son imagination, ne la tenait remplie que de certaines espèces qui lui faisaient voir les choses tout autrement qu'elles n'étaient. Enfin, quelque peu de temps auparavant que l'homme de Dieu expirât, le démon s'étant retiré, voilà ce supérieur dans un étonnement prodigieux de ce qu'il avait fait ; il n'était arrivé rien de nouveau, toutes choses étaient dans le même état, le démon seulement s'était retiré.

Les plus petites imperfections donnent de grandes prises ; à ces esprits apostats. Les moindres choses, comme il est dignement remarqué dans la Vie de saint Jean Chrysostome, depuis peu donnée au public, leur suffisent pour exciter des passions violentes contre ceux qui leur font la guerre, en tâchant de rétablir les mœurs de l'Église dans leur première pureté. Les moindres actions d'un fidèle serviteur de Dieu peuvent servir aux princes des ténèbres, de fondement et d'ouverture à une grande persécution, et ils savent envenimer les choses les plus innocentes. Si les évêques et les prêtres qui ont vécu au temps de la persécution sont morts pour la défense de la foi, les évêques et les prêtres ne peuvent être persécutés, depuis la paix de l'Église, que pour la défense de la vigueur de la discipline. Les démons font dans l'imagination, ce que certains miroirs font à nos yeux : ils grossissent les espèces, et ils peuvent faire paraître des atomes comme de hautes montagnes.

Ils font aussi voir les choses, comme nous l'avons déjà dit, d'une autre manière qu'elles ne sont : comme ces verres qui vous représentent les objets tout d'une autre couleur que celle qu'ils ont. Ils vous donnent des idées très fausses de la véritable dévotion ; ils la font mettre où elle n'est pas, en de certaines pratiques, en des lumières et mouvements sensibles ; ils ne la font pas mettre où elle est, dans une volonté résolue de faire la volonté de Dieu en toutes choses, et en la manière qu'il le veut. Ils persuadent aux gens du monde qu'elle n'est bonne que pour les cloîtres, et la font paraître d'une telle façon qu'il ne leur est pas possible de la pratiquer. Leurs artifices vont à la faire envisager comme impossible à ceux qui vivent dans le siècle, afin de leur en ôter la pensée ; ou ils la représentent si hideuse, qu'on n'a pas le courage de l'embrasser ; ou ils lui imposent les défauts de ceux qui en font profession, pour la décrier.

Comme ils sont tous dans la malignité, ils glissent dans les esprits une inclination maligne, qui leur fait trouver du venin dans les actions les plus saintes, et les portent à interpréter en mal les œuvres du prochain ; au contraire de la véritable charité, qui pense du bien d'un chacun, et qui, lorsqu'elle ne peut pas approuver l'action, excuse au moins l'intention. C'est un des maux des plus ordinaires du monde, que de croire le bien avec peine, et de penser le mal avec facilité. Si l'on ne peut pas blâmer une vie vertueuse, qui nous sert de reproche, l'on s'en prend à l'intérieur ; et pénétrant le fond du cœur, qui n'est connu que de Dieu seul, on le taxera d'hypocrisie et de dissimulation. Sainte Thérèse rapporte que la sainte dame de Cardone parlait facilement de ses grâces, et disait assez bonnement ses vertus ; elle regarde ce procédé comme celui d'une âme qui ne regardait que Dieu seul, sans se considérer : une autre l'aurait condamnée de vanité, et aurait soupçonné cette vertueuse dame de rechercher l'estime des créatures.

Le père Caussin, dans sa Cour sainte, faisant réflexion sur cette vérité, que nous devons être fort retenus à porter notre jugement sur les actions de nos prochains, après avoir hautement loué la conduite du grand saint François de Sales, remarque qu'un esprit critique y aurait bien trouvé à redire. Par exemple, dit cet éloquent auteur, le saint témoigne que le souvenir de madame de Chantal*, de glorieuse mémoire, lui est si cher, qu'il y pense souvent, et avec affection, et même au saint autel : un esprit pointilleux n'approuverait pas que l'imagination d'un saint homme fût remplie du souvenir d'une femme ; cependant il y était appliqué par grâce. Mais nous lisons de certains Saints qu'ils demandaient à Dieu de ne se souvenir jamais, même dans leurs prières, des femmes qui s'y recommandaient. C'était leur grâce que d'en user de la sorte ; mais les voies que tient l'esprit de Dieu en la conduite de ses Saints sont si différentes, que c'est un abîme au pauvre esprit humain.

Quand les démons prévoient de grands secours pour les âmes, des bénédictions spéciales sur une ville, un diocèse, une province, ils suscitent de grandes persécutions contre les personnes dont Dieu veut se servir ; ils n'oublient rien pour les décrier et pour en donner de l'horreur, et non-seulement ils maltraitent les personnes employées dans les fonctions publiques, mais celles qui sont les plus retirées et les plus solitaires, lorsqu'ils y remarquent une vertu extraordinaire : car ces âmes, dit sainte Thérèse, ne vont jamais au ciel seules, elles sauvent et sanctifient grand nombre de personnes par leurs oraisons et par leur union avec Dieu. L'on a vu de notre temps un religieux Carme Déchaussé mener une vie fort solitaire sur le mont-Carmel, et imiter ces anciens Pères qui se retiraient dans les solitudes les plus écartées, pour y passer quelque temps dans un entier éloignement des hommes ; c'est une chose étonnante d'apprendre la rage des démons contre ce serviteur de Dieu.

S'ils conjecturent que la piété d'une âme solidement vertueuse, et les grâces extraordinaires que le ciel lui a faites, doivent faire de grands fruits dans l'Église, ils travailleront à mettre en vogue quelque créature trompée : ils la feront passer pour sainte, ensuite ils en découvriront les tromperies, pour faire juger qu'il en est de même de celles qui sont mues par l'esprit de Dieu, et par là empêcher le bien qui en peut arriver. S'ils voient que la dévotion s'établisse dans un pays, par la solide pratique de l'usage fréquent des sacrements, de l'exercice de l'oraison, de l'union avec Dieu, ils feront tomber dans quelques fautes quelques-unes des personnes qui font profession de dévotion, et ensuite feront

---

* Béatifiée en 1751, par N. S. Père le Pape, Benoit XIV.

crier contre la fréquente communion, contre l'oraison, et les autres pratiques de piété : ils rendront ridicules les dévots, et feront les derniers efforts pour s'opposer aux desseins de Dieu. Ô mon Seigneur, s'écrie la séraphique Thérèse, que c'est une grande pitié ! Si une personne est trompée dans les voies de l'oraison, l'on crie, l'on fait grand bruit, et l'on ne voit pas que pour une personne qui s'égare, prenant mal l'oraison, les milliers d'âmes se damnent par faute de la faire. Le pieux Grenade, en son mémorial, fait un chapitre dans lequel il montre que c'est souvent un grand abus que de crier tant contre les abus de la fréquente communion : ce n'est pas qu'on ne les doive blâmer et avoir en horreur ; mais l'on ne prend pas garde, dit ce savant maître de la vie spirituelle, que sous prétexte de quelques abus qui se commettent, l'on empêche non-seulement les grands progrès des bonnes âmes en la vertu, par l'usage fréquent de la communion, mais encore, et c'est ce qui est grandement considérable, beaucoup de gloire qui en reviendrait à Dieu. Notre-Seigneur révéla à sainte Gertrude, que ceux qui empêchaient la fréquente communion lui ravissaient ses délices. Saint Thomas enseigne que la communion journalière était de précepte dans les premiers siècles. Le saint concile de Trente souhaite que l'usage en pût être rétabli. Il faut examiner les personnes qui reçoivent tous les jours la sacrée communion, afin qu'on n'en fasse pas un mauvais usage ; mais de désapprouver un usage si établi dans la primitive Église, et que le dernier concile général voudrait pouvoir être rétabli, c'est un effet de la haine que les esprits d'enfer ont conçue contre ce mystère d'amour.

 Un grand serviteur de Dieu a sagement remarqué qu'il y a de certaines personnes dans lesquelles les démons sont comme dans leur fort, et par le moyen desquelles ils rendent leurs tentations plus dangereuses. Il y a des personnes dont les approches portent à l'impureté, les autres à la vengeance, les autres à la vanité. Les démons sont dans les yeux de quelques personnes, dans leurs cheveux, dans leurs mains ; et ils rendent tout ce que ces personnes font si agréable, leur voix, leurs paroles, le mouvement de leurs yeux, leurs gestes, qu'il est difficile de n'y être pas pris. L'on s'étonne quelquefois de voir des malheureux s'attacher à des créatures assez imparfaites, et quitter leurs femmes qui sont belles et agréables ; souvent cela arrive par l'opération secrète des démons, qui mettent des charmes pour les cœurs en des misérables qui naturellement devraient donner de l'aversion. Un malade qui était sur le point de mourir était dans une grande paix ; un de ses amis, hérétique, entre en sa chambre pour lui rendre visite, en même temps il se trouva grandement tenté contre la foi. Les démons, qui n'avaient pas de prise dans ce lieu pour combattre ce pauvre malade, se trouvèrent en cet hérétique comme dans leur fort pour l'attaquer : j'ai appris ceci de feu monsieur Gauffre, digne successeur du P. Bernard, de glorieuse mémoire ; et la chose mérite bien d'être remarquée, pour ne pas donner lieu aux diables de nous tenter, particulièrement à l'heure de la mort, prenant garde aux compagnies que nous fréquentons. Disons ici que comme les diables nous font de rudes combats par les gens qui sont à eux, aussi l'esprit de Dieu nous donne de grands secours par les âmes qu'il remplit. La bienheureuse Angèle de Foligni, faisant un voyage de dévotion, fut favorisée de dons grandement extraordinaires, et notre bon Sauveur lui révéla que si elle eût pris une autre compagnie que celle qu'elle avait, qui était une personne de vertu, elle eût été privée de toutes ces grâces. Rien de plus pernicieux que la conversation avec les méchants, rien de plus utile que celle que l'on a avec les gens de bien.

Enfin, le grand ravage de ces maudits esprits est l'établissement de l'hérésie : pour ce sujet ils usent de leurs ruses ; ils commencent par les choses qui ne peuvent pas tant étonner de prime abord. Ils suscitèrent Luther pour crier contre les indulgences ; mais ils le firent commencer par les abus des indulgences, des cérémonies ; et insensiblement ils en vinrent à la foi.

Sainte Thérèse enseignait que le grand courage était tout à fait nécessaire en la milice spirituelle ; et il est bien vrai, puisque nos ennemis, non-seulement sont terribles en leur force, cruels en leur rage, extraordinairement redoutables en leurs ruses, mais qu'ils sont infatigables en leur poursuite : toute leur occupation est de nous surprendre ; ils veillent à notre perte pendant que nous dormons. Nos ennemis, dit saint Augustin, sont toujours attentifs à notre ruine, et nous sommes toujours dans l'oubli de notre salut. Ils veillent sans cesse pour nous faire mourir de la mort éternelle, et nous sommes continuellement endormis quand il s'agit de nous sauver. Le sommeil et la nourriture, non plus que les autres soins qui nous lassent, ne les fatiguent jamais, puisqu'ils n'en ont pas besoin ; ils sont toujours sous les armes jour et nuit, et durant tout le cours de notre vie, et ils ne les quittent jamais : s'ils donnent quelque apparence de paix ou de trêve, ce n'est que pour mieux nous faire la guerre, et pour nous combattre avec plus de forces et plus de succès.

De plus, ce sont de purs esprits, aussi vites que nos pensées, qui entrent partout, qui nous suivent partout, à qui rien n'est fermé : vous avez beau mettre des portes et des serrures à vos chambres et à vos cabinets, l'entrée ne laisse pas de leur en être libre ; et comme ils sont invisibles, ils vous combattent sans être vus ; ils vous frappent, et vous ne voyez personne, ils sont auprès de vous méditant votre perte, et vous n'en savez rien ; leurs armes sont invisibles ; ce qui marque assez combien il est difficile de s'en défendre. Ils nous tentent en tout temps, et Cassien nous apprend que les Pères du désert connaissaient par expérience que dans les temps les plus saints leurs tentations étaient plus grandes, comme, par exemple, durant le saint temps de Carême.

Leurs attaques deviennent plus violentes à mesure que l'amour de Dieu s'augmente. Dès qu'on commence à le servir, il faut se préparer à la tentation ; et il ne faut pas s'en étonner : pour lors la guerre est déclarée, auparavant ils ne s'en mettaient pas en peine, tenant l'âme sous leur tyrannie. Les Saints se voient souvent sur le bord du précipice, par la violence de leurs tentations : ce sont ceux-là, dit Cassien, qui souvent sont bien tentés des convoitises de la chair : ce Pharaon infernal accable de travaux ceux qui tâchent de s'échapper de sa cruelle domination. Il n'y a point de lieu qui nous exempte de cette guerre ; nos temples et les lieux les plus saints ne nous en préservent pas : ils se glissent partout. Ils font tomber dans la solitude le pauvre Loth dans l'impureté, lui qui s'était conservé chaste au milieu d'une ville toute pleine des plus monstrueuses impudicités. Il n'y a point d'âge en la vie qui nous mette à couvert de leurs attaques. Un grand et excellent solitaire, ayant résisté à leurs tentations en sa jeunesse, aimant mieux faire brûler son corps dans le feu matériel que d'abandonner son âme aux feux de l'impureté, et triomphant de la sorte de l'effronterie d'une femme qui tendait des pièges à sa pudicité, étant âgé de soixante ans ou plus, se laissa vaincre à ces tentateurs, par le moyen d'une créature qui en était possédée. Considérons cet exemple en passant, et tremblons. Un jeune homme, qui dans la fleur de son âge avait remporté, de si glorieux triomphes, se laisse vaincre, et cela dans la vieillesse, après tant de jeûnes et de mortifications, ayant le corps consumé de grandes austérités ; après tant de victoires remportées durant le cours de tant d'années ; après une vie céleste, tant de dons extraordinaires, tant de grâces miraculeuses, il se laisse vaincre par une femme qui était possédée, ce qui devait donner de l'horreur, et après avoir chassé le diable de son corps.

Un de leurs soins est de nous lasser par la durée du combat ; et l'expérience fait assez voir que l'on succombe à la fin, après avoir résisté un long temps. Une âme sera fidèle à ses exercices, malgré tous les dégoûts et toutes les répugnances qu'elle en peut avoir, quoiqu'elle n'y ait aucun sentiment, et qu'elle n'y porte que des peines : à la fin l'ennui l'accable, et elle cède à la tentation. Elle s'assujettira aux bons conseils qu'on lui donne, et gardera inviolablement les ordres qu'on lui prescrit : à la fin elle en fera à sa tête, et cédera à ses pensées et à ses inclinations. Quand ces esprits malheureux voient qu'ils ne peuvent rien gagner, ils vont prendre de nouvelles forces ; ils s'associent des démons plus puissants encore et plus malicieux, et reviennent au combat, terrassant souvent ceux qui en avaient auparavant triomphé.

Après tout, leur nombre est incroyable. Saint Bernard dit que les diables, qui sont les singes de la divinité, se partagent, afin que tous les hommes aient un mauvais ange, comme ils en ont un bon. Saint Grégoire de Nice est dans le même sentiment. Saint Antoine disait souvent que des millions de diables parcouraient toute la terre. Saint Hilarion, son disciple, disait la même chose, et rapportait sur ce sujet l'histoire de l'Évangile, qui nous enseigne qu'un seul homme en était possédé d'une légion, c'est-à-dire de six mille six cent soixante-six. Le glorieux saint Dominique délivra un malheureux qui était possédé de quinze mille diables, qui étaient entrés dans son corps en punition des railleries qu'il avait faites des quinze mystères du rosaire. Ceci mériterait bien d'être considéré par ces gens qui se raillent des associations établies avec autorité légitime. Mais considérons combien d'ennemis conspirent à la perte d'un seul homme. Saint Jérôme, sur le chapitre sixième aux Éphésiens, déclare que c'est une opinion générale des docteurs, que l'air est tout rempli de ces ennemis invisibles.

Après cela, donnons un peu nos attentions aux dangers où nous sommes exposés ayant de tels ennemis sur les bras. Mais donnons-les en même temps à la considération de ce que nous sommes, nous qui avons à combattre contre de telles forces. Nous vivons au milieu de la nuit, et dans le plein midi de la grâce, nous ne voyons pas même, aveuglés que nous sommes de nos passions. Nous marchons dans des lieux tout pleins de précipices éternels, et dans des chemins si glissants, que les plus saints ont bien de la peine à s'y soutenir : nous ne savons pas le chemin qu'il faut tenir, et nous prenons facilement, selon le sentiment de saint Bernard celui de l'enfer : ceux que nous rencontrons sont des aveugles et des ignorants comme nous, qui, au lieu de nous aider à nous tirer de ces mauvais pas, servent à nous y perdre. Nous ne sommes que pure faiblesse, et percés de coups mortels de toutes parts. Ô mon Dieu, ô mon Dieu, qui pourra se sauver dans un état si déplorable ! Hélas ! Ô hommes, à quoi pensons-nous, lorsque nous sommes dans l'oubli de ces dangers effroyables ? Est-il donc possible que ces vérités soient indubitables, et que nous y pensions si peu comme il faut ? En vérité, en vérité, il faut que nous soyons enchantés ; qu'ayant des yeux nous ne voyions pas, des oreilles sans entendre, et des pieds, demeurant cependant immobiles pour l'éternité : nous ne voyons, nous n'entendons, nous ne marchons que pour la vie présente.

Ces aveuglements et insensibilités sont la cause que la plupart des âmes deviennent la proie des démons : si nous voulions bien nous laisser aller aux lumières et aux mouvements de la grâce, ne pouvant rien de nous-mêmes, nous pourrions tout en celui qui est notre force. C'est en sa vertu qu'il faut résister généreusement à la puissance des démons, qui, à la manière des crocodiles, fuient ceux qui les poursuivent et poursuivent ceux qui les fuient. Résistez au diable, nous enseigne la divine parole, et il s'enfuira de vous. Il est vrai que nos forces sont entièrement inégales ; mais la vertu de Jésus-Christ supplée à notre faiblesse. Le grand saint Antoine assurait que depuis la venue de Notre-Seigneur, nous pouvions venir à bout du démon comme d'un moineau, et briser ses forces comme l'on ferait de la paille.

Il faut donc mettre toute sa confiance en Jésus-Christ et sa sainte croix, en la protection de sa sainte Mère, qui a écrasé la tête de ce malheureux serpent, et se servir des sacrements, de l'eau bénite, des images saintes, pour détruire tous ses efforts, nous tenant toujours d'une autre part dans l'humilité, vertu toute-puissante pour rendre les tentations de l'enfer inutiles, mais vertu sans laquelle toutes les autres vertus nous serviront de peu contre ses attaques. Saint Antoine, dont je viens de parler, ayant vu tout le monde rempli de pièges, et un démon qui de sa tête touchait les astres, et ravissait la plupart des âmes, fut pénétré de douleur ; et comme ce saint homme criait avec force : *Qui pourrait donc s'échapper de ces liens, et des mains de ce monstre infernal ?* une voix du ciel lui répondit : Antoine, ce sera l'humilité. Cette vertu doit être accompagnée d'une entière défiance de nous-mêmes. Si nous prenons quelque appui sur nos forces, sur notre expérience, notre conduite, nos résolutions, nous sommes perdus ; tôt ou tard, infailliblement, nous périrons : et il faut bien prendre garde à une confiance secrète que nous avons en nous-mêmes, qui est quelquefois imperceptible : il semble, quand nous avons fait de certaines pratiques de piété, que tout est gagné ; et Notre-Seigneur permet qu'ensuite nous retombions plus lourdement.

Il y a des âmes qui voient bien de certaines imperfections dont elles ont horreur ; elles soupirent, elles travaillent, et n'en peuvent venir à bout. C'est, dit le saint homme, le père de Condren, que ces âmes ne connaissent pas encore assez leur faiblesse, leur insuffisance, leur impuissance. La défiance de nous-mêmes doit être suivie de crainte : *Craignez le Seigneur, est-il écrit, vous tous qui êtes ses saints* ; si les saints doivent opérer leur salut avec tremblement, que doivent faire les pécheurs ? Un larron auprès de la croix est sauvé, un autre dans le même lieu est damné. Dieu pardonne à l'un de ses apôtres qui l'a renié, il condamne un de ses disciples qui l'a trahi. Il y a un paradis, mais il y a un enfer : quelques-uns ont fait une véritable pénitence à la mort ; mille et mille sont morts dans le péché. Enfin, l'un a vu les plus belles lumières de l'Église s'éclipser, l'on a vu des Anges de la terre se précipiter dans les enfers par un mouvement de superbe à la fin de leur vie ; l'on a vu des colonnes de l'Église ébranlées et abattues ; l'on a vu ceux qui y éclairaient les autres, des plus pures lumières de la foi, tomber dans l'hérésie ; l'on a vu des Saints devenir des diables.

Pour ce sujet, il faut être fort sur ses gardes, et ne pas donner lieu à la tentation, en évitant toutes les occasions qui pourraient nous y engager. *Veillez et priez*, dit la divine Parole, *de peur que vous n'entriez en tentation* ; elle ne dit pas de peur que la tentation n'entre en vous, mais de peur que vous n'entriez en la tentation. Quand c'est par l'ordre de Dieu que nous nous trouvons dans le péril, avec son divin secours nous en échapperons ; si c'est de nous-mêmes que nous y sommes engagés, nous y périrons. La tentation de Joseph était bien plus forte que celle de David : Joseph était jeune, David était vieux ; Joseph était poursuivi par les caresses et les menaces d'une femme qui l'importunait sans cesse, David n'était poursuivi de personne. La pudicité de Joseph était attaquée par une femme qui était sa maîtresse ; en lui résistant, il courait risque de sa vie, en donnant les mains à la passion, il pouvait attendre une grande fortune temporelle. David était roi, il n'avait rien à craindre ni rien à attendre que les remords de sa conscience. David était plus avancé dans la vie spirituelle, et c'était l'homme selon le cœur de Dieu ; cependant David est vaincu par la tentation, Joseph y résiste : c'est que David s'expose lui-même à la tentation, et que Joseph se trouve engagé dans le péril s'acquittant de son devoir dans l'ordre de Dieu. Les enfants ont été délivrés de la fournaise de Babylone, saint Pierre du danger des eaux ; mais, si vous vous jetez à l'eau, ou dans le feu, vous y serez noyé ou brûlé. Si vous vous sentez bilieux, pourquoi n'évitez-vous pas les occasions de la colère ? Si vous vous sentez porté à l'amour, pourquoi ne fuyez-vous pas discrètement les occasions des femmes ? Vous vous fâchez en jouant, pourquoi donc ne renoncez-vous pas au jeu ? Vous êtes distrait quand vous faites vos prières dans des lieux qui ne sont pas assez retirés, que n'en choisissez-vous de plus propres ? Saint Ignace, le fondateur de la Compagnie de Jésus, avait le privilège de ne point avoir de distractions pendant ses prières ; mais il fallait qu'il fît, de son côté, ce qu'il pouvait : quand il ne s'éloignait pas assez du monde et du bruit, il ne jouissait plus de cette grâce.

Soyez aussi prompt à résister à la tentation. Le même Saint disait que le serpent fait glisser facilement tout son corps où il a passé sa tête. La négligence que vous apportez à résister à la tentation donne de grandes prises à vos ennemis : ils craignent grandement les âmes qui résistent de prime abord à leurs attaques ; car ils voient que ces attaques ne leur servent qu'à leur acquérir des couronnes. Si un charbon de feu tombait sur votre habit, en même temps et, avec le plus de diligence qui vous serait possible, ne le jetteriez-vous pas par terre ?

Et, pour peu que vous le laissassiez sur votre habit, n'en serait-il pas gâté ? Quoique la négligence ne soit pas entièrement volontaire, n'y ayant pas une advertance parfaite, c'est toujours un péché véniel, et un seul péché véniel donne des forces étranges au démon pour nous tenter. Quand les exorcistes des possédés de Marseille avaient commis la moindre petite faute, ils ne pouvaient rien faire contre les démons durant quelque temps : au contraire, lorsqu'on a repoussé la tentation promptement, les démons ont peur de revenir, et leurs forces sont affaiblies. Il ne faut jamais délibérer ; une ville qui parlemente est presque prise. Dès lorsque l'on voit le péché, ou l'occasion du péché, il faut rompre, il faut quitter, il faut tout souffrir plutôt que d'y penser.

Dans les combats de la chasteté, il faut vaincre en fuyant : ne vous amusez pas à regarder les tentations, fuyez au plus vite ; les tentations contre la pureté ont des charmes pour les sens, qui vous prennent si vous les regardez. Dans celles de la foi, il ne faut jamais raisonner : il faut s'enfuir, disait saint François de Sales, par la porte de la volonté, et non pas par celle de l'entendement. Donnez-vous bien de garde d'aller chercher des raisons pour vaincre ces sortes de tentations ; ne disputez pas avec le démon, il est trop habile pour vous ; vous ne vous tirerez jamais de ses difficultés. Le saint évêque que nous venons de citer rapportait que cet esprit de subtilité et de malice lui forma une objection si forte contre la présence de Notre-Seigneur en l'Eucharistie, que sans un secours particulier de la grâce il était perdu ; c'est pourquoi jamais cet incomparable prélat n'a voulu dire la difficulté de sa tentation, dans la crainte qu'il avait qu'elle ne fût le sujet de la perte de quelque âme.

Dans les autres peines d'esprit, il faut un grand abandon à Dieu, et y éviter les réflexions volontaires. L'on ne peut pas empêcher que l'imagination n'en soit attaquée, mais on doit les souffrir en patience, et ne les pas entretenir ou augmenter par des réflexions volontaires. Elles portent ordinairement les personnes à être rêveuses ; ce qu'il faut tâcher d'éviter, s'occupant doucement, pour y donner le moins de lieu que l'on peut ; la trop grande crainte en imprime les espèces plus fortement dans l'imagination ; et dans les tentations de l'impureté, les sens en sont plus émus.

Dans les peines de scrupules ou d'autres inquiétudes, le remède est de ne se pas arrêter à son jugement, de prendre avis d'une personne expérimentée dans ces sortes de voies (car il y a de grands directeurs qui n'en ont pas d'expérience), et qui ait de la doctrine et de la résolution, et s'en rapporter à ses avis, soit pour ne plus réitérer de confessions générales, quoique l'on estime en avoir besoin, soit pour ne plus dire de certaines fautes, soit pour ne se pas accuser de certains doutes : car enfin l'ordre que Dieu a établi en son Église est de ne nous pas gouverner immédiatement, mais par les personnes qu'il a appelées aux fonctions sacrées du sacerdoce. Une personne qui, agissant contre la conscience, ferait une chose qu'elle estimerait péché mortel, quoique ce ne fût qu'une faute vénielle, sans doute, si elle faisait cette chose avec une délibération parfaite, il y aurait un péché notable ; mais, si, nonobstant le jugement qu'elle fait de l'énormité d'une faute, elle passe par-dessus, soumettant son jugement à celui de son directeur, qui a plus de lumière qu'elle, et qui discerne mieux le péché d'avec le péché, assurément elle fait bien. Mais elle agit, me direz-vous, contre la conscience : il est vrai, mais c'est une conscience dans l'erreur, et elle suit les règles d'une conscience véritablement éclairée, qui est celle du directeur. L'on ne doit pas non plus s'inquiéter sur ce qu'il vient en l'esprit que l'on ne s'est pas assez bien expliqué, ou bien que le directeur ne connaît pas bien notre état (ce sont des tentations communes presque à toutes les personnes peinées), ni s'embarrasser sur ce que nos peines peuvent venir de nos péchés ; car, après avoir renoncé à nos fautes, il est expédient d'en porter les peines dans la paix. Les peines du purgatoire sont à la vérité des peines et des châtiments du péché ; cela empêcherait-il que les âmes qui y souffrent ne les portent avec tranquillité, et une entière résignation aux ordres de Dieu ?

Dans les peines de blasphème ou de réprobation, il est nécessaire d'y éviter doucement les réflexions volontaires ; et dans ce temps ordinairement la vue confuse de Notre-Seigneur est plus propre dans l'oraison, qu'une connaissance distincte des mystères, parce que la tentation s'augmente et s'entretient par la vue distincte des vérités de la foi. Surtout, il est à propos de ne se pas laisser aller au découragement, quelques fautes que l'on commette : quand vous tomberiez cent fois par jour, relevez-vous cent fois par jour. Un homme ne serait-il pas ridicule s'il demeurait couché au milieu d'une rue dans la boue, et la fange, parce qu'il s'est laissé tomber plusieurs fois ? Humilions-nous bien de nos fautes, et en ayons du regret, mais jamais ne nous en décourageons. C'est une maxime générale ; l'ennui et l'impatience causent de grands maux. Apprenons à nous supporter dans nos défauts, attendant avec patience le secours du Seigneur. C'est une fâcheuse tentation que le trop grand empressement à la perfection, que souvent nous voulons par amour-propre. Notre orgueil voudrait nous voir bientôt être parfaits, et il nous fait étonner de ce que nous tombons, qui est tout ce que nous pouvons de nous-mêmes. *Le juste*, dit l'Apôtre, *vit de la foi* ; c'est la grande et certaine règle de toute la vie spirituelle : ne vous réglez pas par les goûts, les sentiments, ou les sécheresses et aridités ; mais conduisez-vous par la foi, qui vous montrera que Dieu doit être également servi et adoré dans le temps de la tribulation comme dans le temps de la consolation ; ainsi vous serez fidèles à vos exercices, sans considérer si vous y avez répugnance ou inclination. Vous ne serez jamais non plus trompés dans les voies extraordinaires, où souvent les directeurs perdent beaucoup de temps pour discerner si les grâces viennent de l'esprit de Dieu, du démon, ou de l'imagination, et bien souvent ils y sont abusés.

Les serviteurs de Dieu, qui conclurent que sainte Thérèse était trompée dans ses grâces extraordinaires, à raison de plusieurs imperfections qu'ils remarquaient en elle, se trouvèrent eux-mêmes dans la tromperie. Ce n'est pas une conclusion, dit le savant évêque qui a composé la vie de la Sainte, que les dons que l'on voit dans une âme ne procèdent pas de l'esprit de Dieu, parce qu'elle est imparfaite ; car quelquefois ils sont donnés pour délivrer de ces imperfections. Si l'âme, quelques paroles intérieures qu'elle entende, quelque vision qui lui soit représentée, ne s'arrête qu'à la pure foi, laissant ces choses pour telles qu'elles sont, elle demeurera toujours dans la vérité : si c'est le démon qui agit, il n'en recevra que de la honte et du dépit ; si c'est l'esprit de Dieu, il opérera dans l'âme, indépendamment de sa vue ou réflexion. Les tableaux que nous avons dans nos églises sont un usage que l'esprit de Dieu a introduit ; et qui le blâmerait serait hérétique : cependant si l'on s'arrêtait à l'image, au lieu de passer de l'image à la chose représentée, sans doute l'on manquerait beaucoup. Or, les visions que l'esprit de Dieu même donne, sont des figures ou images de la divinité ; elles ne sont pas Dieu, et l'esprit de Dieu ne les donne que pour nous élever à lui : or, comme la foi est le plus prochain moyen de l'union divine, il faut s'en tenir là. Enfin, l'entier et parfait abandon à la divine volonté pour toutes choses, et en toutes choses, ne désirant rien en particulier, est le grand secret pour vaincre les tentations. L'on doit se souvenir qu'il ne faut pas s'attacher aux moyens qui conduisent à Dieu, quelque excellents qu'ils soient, ni à aucune pratique, quelque bonne qu'elle puisse être ; mais qu'on doit la prendre et la quitter quand il la faut prendre ou quitter : car tous ces moyens ne sont pas Dieu, à qui seul nous devons nous arrêter inviolablement comme à notre seule fin.

Avant que de finir cette matière, je me sens pressé de donner avis d'une tentation ordinaire, mais dangereuse, et qui rend presque toutes nos actions, ou inutiles ou imparfaites : c'est que le démon travaille à nous faire occuper de toute autre chose que de ce que nous faisons. Si vous êtes dans l'oraison, il vous fera penser à quelque bonne action que vous avez à faire ; quand vous serez dans cette action, il vous occupera d'une autre ; et ainsi vous pensez toujours à ce que vous ne faites pas, et ne pensez jamais bien, ou qu'à demi, à ce que vous faites ; or, chaque moment a sa bénédiction ; faites bien ce que vous faites, et pour le bien faire ne pensez à autre chose. Le moment passé n'est plus à vous ; le futur n'y est pas encore ; il n'y a donc que le présent. Or voici la ruse du démon : vous désoccupant du présent, et vous tenant toujours en haleine pour l'avenir, jamais vous n'avez aucun moment à vous.

C'est encore une de ses ruses, de vous donner du goût pour des emplois qui ne sont pas de votre état. Que vous sert-il de vous occuper de la vie des Chartreux, si votre état est dans les emplois extérieurs et que sert aux Chartreux de penser à la prédication, ou à la visite des hôpitaux, puisqu'il faut qu'ils vivent solitaires ? Nous ferions des merveilles, à ce que nous pensons, si nous faisions des choses que cependant nous ne ferons jamais ; et nous ne songeons pas à bien faire ce que nous sommes obligés de faire tous les jours. Vous êtes engagé dans un état où il y a bien de la peine à se sauver, et il faut, malgré vous, que vous y demeuriez. Considérez donc sérieusement qu'il faut vous sauver dans cet état si dangereux ; et n'allez pas perdre le temps à vous imaginer d'autres états où vous n'entrerez jamais. Travaillez cependant, dans quelque condition que vous soyez, à bien régler vos passions ; et sachez que la moindre est capable de vous jeter dans un aveuglement déplorable, et qui vous met même hors d'état de prendre aucun avis : la raison en est que nos passions nous trompant, nous font voir les choses d'une autre façon qu'elles ne sont ; ainsi nous les proposons, pour en avoir avis, comme nous les concevons ; et l'on nous donne conseil comme nous les expliquons ; ce qui fait que souvent l'on est dans de grandes erreurs, même en suivant conseil, et cela par notre faute, ce qui ne nous excusera pas devant Dieu. Or, ce que nous avons déjà dit, que les démons nous trompent dans la vue des choses, cela arrive par le moyen de nos passions, dont ils se servent.

Mais le Dieu du ciel a plus de désir de nous sauver que l'enfer n'a de rage pour nous perdre : comme il sait à fond nos impuissances, dans l'excès de ses divines miséricordes, il donne des secours proportionnés à nos faiblesses ; et pendant que l'enfer veille continuellement à notre perte, ses yeux sont toujours amoureusement ouverts à notre défense. Il nous envoie les Anges bienheureux de sa cour céleste, par une providence que l'Église appelle ineffable, pour nous soutenir dans les combats que nous devons donner contre ces puissances, dont la force infailliblement nous accablerait, sans une protection si particulière. L'âme, dit saint Bernard, est quelquefois dans un tel trouble, son esprit dans un ennui si fâcheux, son cœur dans des angoisses si pressantes, son corps tellement affligé, sa tentation si vive, que, sans un grand secours, elle succombera. Elle a besoin pour lors d'être assistée par les Anges, continue ce Père : elle a besoin de la consolation de ces Esprits du ciel. Comme elle est toute languissante, elle ne pourrait pas marcher ; il est nécessaire que les Anges la portent entre leurs bras. Certainement j'estime qu'en cet état ils la soutiennent, pour ainsi dire, comme avec deux mains, et la font passer si doucement à travers de tous les dangers qui lui donnaient plus de crainte, qu'en quelque façon elle les sent, et ne s'en aperçoit pas. Il nous faut marcher sur les aspics et les basilics ; il nous faut fouler aux pieds les lions et les dragons. Qu'il est nécessaire, pour cet effet, d'avoir les Anges pour maîtres et pour guides ! Qu'il est nécessaire même qu'ils nous portent, particulièrement nous qui ne sommes que comme de faibles enfants ! Mais que nous passons facilement ces routes dangereuses, si nous sommes portés par leurs mains ! Que craignons-nous ? Ils sont fidèles, ils sont sages, ils sont puissants ; suivons-les seulement, et ne nous en séparons pas.

Toutes les fois donc que vous vous verrez pressé de quelque grande tentation ou affliction, ayez recours à votre bon Ange ; dites-lui : Seigneur, sauvez-nous, car nous sommes sur le point de nous perdre. Ce sont les sentiments de ce grand Saint qui nous font assez voir la nécessité et la douceur de la protection de ces aimables princes du paradis. Comme les rois font mourir dans leurs états les larrons, pour y conserver les biens et la vie de leurs sujets ; de même ces glorieux Esprits détruisent la puissance des princes de l'enfer pour le salut de nos âmes, et la gloire de leur Souverain : aussi est-il dit dans l'Écriture qu'ils lient les démons, c'est-à-dire qu'ils empêchent leur pouvoir. Le solitaire Moïse était grandement tourmenté des tentations de la chair ; et allant trouver l'abbé Isidore, pour lui exposer ses peines, et y trouver quelques remèdes, cet abbé lui fit voir une troupe de démons sous des formes sensibles, animés plus que jamais à le combattre : ce qui affligea beaucoup ce serviteur de Dieu ; mais peu à peu il lui montra une bien plus grande troupe de saints Anges préparés à sa défense, en lui disant : Sachez, mon fils, qu'il nous faut dire, avec le prophète Élisée, que nous en avons plus pour nous que contre nous : ce qui lui donna une telle consolation, qu'il s'en retourna tout joyeux en sa cellule, et dans une grande résolution de résister généreusement à toutes les attaques des esprits de l'enfer. Je vous dis, mon cher lecteur, la même chose, après vous avoir parlé des tentations des démons, de leur rage, de leur force, de leurs ruses et de leur multitude : nous en avons plus avec nous que contre nous. Cette vérité est bien douce et bien capable de nous consoler dans toutes nos peines ; mais méditez-la un peu à loisir. Nous espérons encore en parler, avec le secours du ciel, au sujet de la confiance que nous devons avoir en la protection des saints Anges, dont nous traiterons ci-après. Seulement encore un mot : Sachez qu'un seul démon, si Dieu lui permettait, serait capable de faire périr tous les hommes, quand tous les hommes de la terre seraient autant de soldats et tous sous les armes ; mais sachez aussi qu'un seul Ange du ciel est plus puissant, en la vertu qu'il reçoit de Dieu, que tous les diables ensemble. Souvenez-vous ensuite que tous ces Anges bienheureux veillent avec des bontés qui surpassent nos pensées à notre défense, et que les diables les craignent étrangement et plus que les saints (l'on excepte toujours celle qui ne peut souffrir de comparaison, l'incomparable Mère de Dieu) : la raison est que les bons Anges ayant combattu généreusement pour la cause de Dieu contre ces apostats, dans le temps de leur rébellion, ils ont mérité d'avoir un empire particulier sur ces rebelles. Le souvenir aussi que les démons ont qu'ils ont été dans le même pouvoir qu'eux d'arriver à la gloire, dont ils sont si malheureusement déchus, la vue qu'ils ont du bonheur qu'ils possèdent, et dont ils sont privés, les tourmentent extraordinairement.

NEUVIÈME MOTIF

LES GRANDS SECOURS QUE LES SAINTS ANGES NOUS DONNENT À L'HEURE DE LA MORT, ET APRÈS LA MORT.

Si l'un des plus grands philosophes a estimé que la mort était la chose la plus terrible de toutes les terribles, quoiqu'il n'eût pas la connaissance de ses suites, que doivent penser les Chrétiens, à qui Dieu tout bon, les a si miséricordieusement révélées. Quand un esprit considère sérieusement que de cet instant épouvantable dépend la décision d'une éternité bienheureuse ou malheureuse ; que bien peu, et très peu y reçoivent une sentence favorable pour la sainte éternité ; et que la plupart du monde y est condamné aux flammes impitoyables de l'enfer pour un jamais ; il faut être plus qu'insensible pour n'avoir pas le cœur transpercé de la dernière frayeur. Mais croyons-nous à ces paroles du Fils de Dieu qui nous apprennent que le chemin de la vie est bien étroit, et qu'il y en a bien peu qui le trouvent ? Croyons-nous à cette vérité effroyable, qu'il nous a révélée, qu'il y en a bien peu de sauvés ? Songeons-nous que nous allons, ou pour mieux dire, que nous courons à la mort, où il faudra faire l'expérience de ces infaillibles mais redoutables paroles, vous qui lisez ceci, et moi qui vous l'écris ? Quoi, sera-t-il donc vrai, qu'à peine le juste sera sauvé (ce qui fait trembler les âmes les plus innocentes), et que le pécheur vivra dans l'assurance, comme si à la mort le paradis lui était dû et qu'il n'y eût rien à craindre pour lui ? Ô mon Dieu et mon Seigneur ! N'entrez pas en jugement avec votre pauvre serviteur, parce que personne ne sera justifié en votre divine présence. Le saint abbé Agathon étant sur le point de mourir, était saisi d'une extrême frayeur ; et comme ses disciples étonnés lui demandaient s'il avait quelque chose en sa conscience qui fût un juste sujet d'une telle crainte, il leur répondit que par la grande miséricorde de Notre-Seigneur sa conscience ne lui donnait aucun remords ; mais que les jugements de Dieu étaient bien autres que ceux des hommes. Toutes nos justices, nous enseigne l'Écriture, ne sont qu'ordures, quand elles paraissent devant sa divine pureté.

Si donc les saints Anges nous rendent de grands secours à cette heure terrible, c'est pour lors qu'ils nous montrent bien qu'ils sont nos véritables amis. On reconnaît le véritable ami dans l'affliction, et lorsqu'on est dans un grand délaissement. Or quelle affliction semblable à celle de la mort, où il s'agit de tout perdre ou de tout gagner, et où tout le monde nous quitte généralement et sans réserve : les maris, leurs femmes ; les pères et mères, leurs enfants ; les plus fidèles amis, les personnes qui leur sont plus chères. Personne ne nous tient compagnie au tombeau ; l'âme s'en va seule dans l'éternité ; le corps s'en va seul dans le sépulcre. Ô quelle étrange solitude, et qu'elle mérite bien de faire souvent l'occupation de nos esprits ! Toutes les créatures de la terre nous abandonnent ; pas une seule ne nous vient défendre au jugement de Dieu : les plus grandes amitiés de ce monde se terminent à la mort ; c'est un privilège de l'amour angélique, dont la durée s'étend au-delà de la mort même : aussi il ne faut pas se lasser de le répéter, ce sont les nonpareils en matière d'amour.

Notre-Seigneur a révélé que les âmes qui avaient eu une dévotion particulière aux saints Anges pendant leur vie, en recevaient des assistances extraordinaires dans le temps de la mort, et il est bien juste ; car enfin Notre-Seigneur, le Dieu de la grande éternité, récompense pour lors la digne réception de ses ambassadeurs ; son honneur y est intéressé ; car le bon ou le mauvais traitement que l'on fait aux ambassadeurs d'un roi, retourne sur sa personne, et les docteurs tiennent pour un sujet légitime de guerre l'affront qu'un ambassadeur aura reçu. Or les saints Anges sont les ambassadeurs du Roi des rois : que ne méritent donc pas ces gens, qui à peine les ont regardés, à peine ont pensé à eux, à peine les ont remerciés, mais les ont traités avec la dernière des ingratitudes, avec les derniers mépris, rebutant leurs avis, se rendant insolents à leurs remontrances ? Mon Dieu, que cet instant de la mort nous apprendra de choses ! Ô que bienheureuses sont les âmes qui par leur soumission aux saints mouvements que ces esprits d'amour leur auront inspirés, par l'amour et la dévotion qu'elles auront eus pour ces charitables intelligences, seront en état d'en recevoir les assistances particulières, et la glorieuse récompense de Dieu !

Après la mort, les saints Anges présentent nos âmes devant le tribunal de Dieu, et y défendent notre grande cause de l'éternité. Ô qu'il fait bon pour lors d'avoir de si bons et si zélés avocats ! Ils nous accompagnent dans la gloire tout comblés de joie. Ils nous visitent dans le purgatoire, et nous y rendent tous les offices imaginables que l'on peut attendre de la plus belle et de la plus constante amitié. Ils y consolent les âmes, mais à leur manière angélique, c'est-à-dire d'une consolation toute céleste, dont toutes les joies de ce monde ne sont que des ombres et de pures apparences : ils y procurent leur soulagement ou leur délivrance, par les prières qu'ils inspirent de faire pour elles, par les messes, par les aumônes, par les mortifications ; et quelquefois même ils paraissent visiblement pour y exhorter, en se servant des espèces de notre imagination, représentant les personnes que l'on a connues, particulièrement durant le sommeil. Enfin, le docte Suarez estime qu'ils recueilleront au jour du jugement les cendres de ceux dont ils auront été gardiens. Que peut-on ajouter à des soins si amoureux et si fidèles ? Mais pourquoi des amours si précieux pour de si chétives créatures, si ce n'est que dans la créature ils y regardent Dieu seul ?

DIXIÈME MOTIF

LA DÉVOTION DES SAINTS ANGES EST UNE MARQUE D'UNE HAUTE PRÉDESTINATION.

Si nos yeux étaient un peu plus ouverts aux vérités éternelles, toute notre consolation serait d'être quelque chose dans la glorieuse éternité. Tout ce qui passe est méprisable ; et dès lors qu'une chose finit, quelque satisfaction qu'elle peut donner, quelque honneur qui en puisse arriver, l'on n'en doit pas faire grand état. Que sont devenus ces fameux conquérants de la terre, les Alexandre et les César ? Où sont leurs lauriers et leurs couronnes ! Que leur reste-t-il de leurs triomphes et de leurs victoires ? Allons, mon âme, allons en esprit dans ces cachots de feu et de flammes où ils brûlent depuis tant de siècles, et voyons dans ce funeste lieu de toutes les misères, ce que les richesses, les plaisirs et les honneurs de cette vie périssable leur ont servi. Toutes ces choses ont passé, et ils ont passé avec toutes ces choses ; il ne leur en reste que de funestes désespoirs, et une rage continuelle, des tourments qui dureront toujours et qui sont inconcevables. Dans la vérité, il n'y a que le bien ou le mal éternel qui doivent nous toucher. Répandons ici des larmes sur l'aveuglement des hommes.

Le cœur humain est fait pour de grandes choses, et il ressent je ne sais quoi en lui-même qui lui donne de forts mouvements pour la grandeur. Ainsi l'on aspire toujours à quelque chose de plus que ce que l'on a. Le soldat voudrait être capitaine, le capitaine général d'armée, le général d'armée serait bien aise d'être prince, le prince désirerait d'être roi, le roi souhaiterait être le monarque du monde : car il est vrai, par une induction générale en toutes sortes de conditions, que l'on aspire toujours à avoir plus, à être quelque chose de plus que l'on est. Il n'y a que pour le ciel et pour l'éternité que l'on demeure dans une bassesse de cœur qui ne se comprend nullement. Vous entendrez des gens qui vous diront qu'ils ne se soucient pas d'être les derniers du paradis. À la vérité ce nous est bien encore trop de grâce, à nous qui ne méritons que les dernières places de l'enfer, mais puisque notre Dieu très miséricordieux nous invite et nous appelle à des honneurs si élevés, à la sainte éternité, il faut être le plus lâche du monde pour n'y pas aspirer généreusement. Soyez saintement ambitieux des meilleures grâces, nous enseigne le Saint-Esprit : si vous aimez l'honneur, disent les saints, recherchez avec courage celui qui durera toujours. Sainte Thérèse et saint François de Borgia protestaient que pour un seul degré de gloire davantage, ils auraient été contents de brûler dans les feux du purgatoire jusqu'au dernier jour du jugement. Ces âmes éclairées en savaient l'importance ; celles qui sont toutes plongées dans la chair ne voient goutte dans ces pensées.

Mais, dira-t-on, les bienheureux ne sont-ils pas tous parfaitement contents ? Ils le sont tous assurément ; mais leur joie n'est pas égale. Deux hommes ont chacun un vaisseau plein de pierreries : l'on peut dire que les vaisseaux de tous les deux sont entièrement remplis ; mais si le vaisseau de l'un ne peut contenir que mille pierres précieuses, et que le vaisseau de l'autre en renferme un million, leur plénitude ne sera pas égale, et la différence de leur valeur sera très grande. De même tous les bienheureux sont pleinement satisfaits ; mais la plénitude de leur satisfaction est bien différente. Il n'y a pas de comparaison entre la félicité de l'heureuse Mère de Dieu et celle des autres saints. Comme une étoile diffère d'une autre en clarté, de même la résurrection des morts. La grande sainte Thérèse, dont nous venons de parler, dit que dans une vision surnaturelle on lui montra la différence de la gloire d'un Ange d'un chœur plus élevé, d'avec celle d'un Ange d'un ordre inférieur, et qu'elle n'est pas concevable. Le docteur spirituel Thaulère, pour tâcher d'en donner quelque idée, dit qu'il y a plus de différence entre un bienheureux qui tient les premiers rangs dans l'Empyrée et un autre qui n'est pas si élevé, qu'il n'y a entre un roi et un paysan. Ces élévations toutes glorieuses où nous sommes si saintement appelés devraient bien rehausser notre courage, et nous donner des inclinations généreuses pour les honneurs de la belle éternité. Mais quand il n'y aurait que ce seul motif, que dans notre plus grande gloire éternelle Dieu y est plus glorifié éternellement, il faut renoncer au divin amour, ou il faut mourir à la peine pour devenir quelque chose dans l'aimable paradis. Un seul degré de la gloire de Dieu à une âme qui a le pur amour, quand il ne s'agirait que d'un moment, lui ferait souffrir dix mille morts et endurer dix mille martyres. Ici il s'agit, non pas seulement d'un degré, mais peut-être d'un million et de cent millions de degrés de gloire, et pour une éternité ; et l'on ne s'en remue pas. Qu'il est vrai que nous aimons peu Dieu et ses sacrés intérêts ! Qu'il est vrai que nous nous aimons peu nous-mêmes !

Or la dévotion des Anges contribue merveilleusement à la perfection du divin amour, et par suite à l'accroissement de la gloire du ciel. Ces Esprits sont de vives flammes du pur amour ; il n'est pas possible de s'en approcher souvent sans prendre feu, et participer à leurs ardeurs. Avec les Saints l'on se sanctifie ; avec les Anges on devient tout angélique, c'est-à-dire tout céleste. C'est le propre de l'amour de rendre les personnes qui aiment semblables ; or ils ne peuvent pas nous ressembler : leur pureté est inviolable ; il est donc nécessaire que nous leur ressemblions. Leur vie a toujours été une vie du pur amour ; l'union que nous aurons avec eux nous en procurera quelque rapport. Leurs soins auprès de Dieu pour nous, nous obtiennent de grandes grâces, et ils ne se lassent jamais de nous les augmenter et de travailler en nous, afin que, par le fidèle usage que nous en ferons, nos mérites s'accroissent tous les jours de plus en plus. Ils nous façonnent à la perfection : ce sont les grands maîtres de la vie spirituelle ; ils nous y élèvent avec des amours inénarrables. Quels profits ne ferions-nous pas sous une telle conduite, si nous étions plus sages ? Quand sainte Thérèse fut délivrée de ses imperfections et mise dans les plus pures voies de la perfection, une voix céleste lui dit qu'il ne fallait plus converser avec les hommes, mais avec les Anges. La conversation des créatures d'ici-bas nous forme de grands obstacles à la sainteté ; celle des Anges y fait faire des progrès admirables.

Mais comme la sainteté est rare, la dévotion à ces Esprits célestes l'est aussi ; et dans le petit nombre de leurs dévots on n'en rencontre presque pas dont la dévotion aille plus avant qu'aux Anges du dernier

Chœur. Il y en a très peu qui excellent dans la dévotion des Séraphins, des Chérubins et des autres Anges des premières hiérarchies. Nous lisons bien qu'un saint François, qu'une sainte Élisabeth de Portugal, et d'autres personnes saintes se sont rendus admirables dans cette dévotion ; aussi étaient-ils de grands Saints, et établis dans les voies les plus parfaites de la sainteté par les premiers des troupes angéliques, comme il se voit en la personne du même saint François, qui reçut les stigmates sacrés de Notre-Seigneur par un Séraphin ; et en celle de sainte Thérèse, dont le cœur fut encore si amoureusement blessé par l'un des premiers Séraphins du paradis. Si nous avions un peu du pur amour, ce serait assez de nous dire que Dieu seul, étant dans tous les Anges, il y a plus de ce Dieu seul dans ceux qui sont les plus élevés. Ô Dieu seul, Dieu seul, Dieu seul !

ONZIÈME MOTIF

LA GLOIRE DE LA TRÈS-SAINTE VIERGE.

Ce n'est pas un motif peu puissant à un cœur qui aime comme il faut la très-sainte Mère de Dieu, que la vue de sa gloire. Nous lisons en des auteurs irréprochables, qu'il s'est trouvé même des pécheurs, et des pécheurs bien criminels, qui dans leur état déplorable ne laissaient pas d'en être si touchés qu'ils protestaient qu'ils auraient bien voulu donner leur vie pour la gloire de cette Reine des bontés et des douceurs du paradis : et ces désirs ont été suivis de tant de bénédictions, qu'enfin ils ont obtenu par les soins de la Mère de miséricorde une mort chrétienne, par une entière conversion et un changement notable de leur vie. Si des âmes rebelles aux ordres de Dieu sont capables d'être touchées de l'honneur de l'auguste Reine du ciel, à plus forte raison des âmes pures et innocentes, et qui, d'autre part, lui ont une dévotion spéciale, se laisseront aller facilement au zèle d'un honneur si saint, et qui mérite d'être rendu avec tant de justice à celle que nous ne pourrons jamais assez dignement honorer.

Les Anges, selon le témoignage de sainte Brigitte, dès le commencement du monde, conçurent un zèle si pur des intérêts de cette Reine du paradis, qu'ils eurent plus de joie de ce qu'elle devait être que de ce qu'ils avaient été créés. Combien de personnes dans la suite des temps, à l'imitation de ces bienheureux Esprits et par leurs puissants secours, ont préféré les intérêts de la Mère de Dieu à leurs propres intérêts, son honneur à leur honneur, son être à leur être ? J'en ai connu qui voudraient avoir un million de vies pour les sacrifier à Dieu pour la gloire de cette incomparable Vierge ; qui seraient contents de rester jusqu'au jour du jugement dans les feux épouvantables du purgatoire, s'il y allait de la moindre chose de son honneur ; qui voudraient de tout leur cœur être un million de fois anéantis, si Dieu en était plus glorifié. En vérité, un bon cœur ne dit jamais : c'est assez, quand il s'agit de la très-pure Vierge, pourvu que l'on demeure dans l'ordre de Dieu. Hélas ! On voudrait tout quitter, tout faire, tout souffrir pour son amour, et après tout l'on voit bien que ce serait encore bien peu pour celle qui a mérité d'être Mère d'un Dieu. Ces vérités m'ôtent tout lieu de douter que le motif de sa gloire ne soit pas l'un des plus puissants dont l'on se puisse servir pour établir plus fortement l'amour et la dévotion des saints Anges. C'est ici, ô âmes qui avez de la dévotion pour la glorieuse Vierge, que je vous invite à celle des saints Anges. Il y va de sa gloire : c'est tout vous dire, si vous l'aimez en vérité.

La divine Marie est la générale des armées de Dieu, et les Anges en sont les troupes glorieuses ; ce sont donc les soldats de celle qui seule paraît terrible comme une armée tout entière rangée en bataille ; et ils ont fortement combattu pour sa gloire dès la création du monde, s'opposant à Lucifer et aux Anges apostats qui n'ont pas voulu se soumettre à son empire, Dieu leur ayant révélé qu'elle devait être quelque jour leur souveraine. Elle est l'auguste et triomphante Reine du paradis ; les Anges sont les fidèles et généreux sujets qui l'ont honorée, comme nous venons de le dire, auparavant qu'elle fût, et qui tiennent à grande gloire d'être assujettis aux lois de son royaume. Elle est Dame des Anges, et souvent elle est invoquée sous cette qualité de Notre-Dame des Anges ; ils sont donc ses serviteurs, mais des serviteurs si zélés, qu'ils ne font qu'attendre la manifestation de ses volontés, pour les exécuter au moindre signe, avec une promptitude inénarrable. Elle est même leur amie ; c'est pourquoi dans les cantiques le divin Époux la prie de parler et de faire entendre sa voix, parce que, dit-il, les amis écoutent. Or, ces amis sont les saints Anges. L'on peut dire de plus, qu'elle est leur Mère en quelque manière, et c'est le sentiment de plusieurs graves théologiens. Tous ces titres font assez voir qu'il y va de la gloire de cette Reine, de cette générale, d'une si glorieuse et si puissante Dame, que ses sujets, ses soldats, ses serviteurs soient considérés. L'amour qu'elle a pour eux, les traitant comme ses fidèles amis, et même comme ses enfants, demande par toutes sortes de raisons que nous aimions ce qu'elle aime, que nous ayons de profonds respects pour ceux qu'elle désire d'être honorés. Louons donc et bénissons les saints Anges, parce que la très-pure Vierge, l'auguste Reine et Dame des Anges en est louée et bénie : mais louons et bénissons le Seigneur, qui a fait tout ce qu'il y a de grand et de louable, et en la Dame des Anges et dans les saints Anges ; et c'est Dieu seul, Dieu seul, Dieu seul.

DOUZIÈME MOTIF

DIEU SEUL.

Quand on a dit Dieu, tout est dit, et il ne reste plus rien à dire, au moins au pur amour, dont tout le plaisir est de le dire mais de le dire seul. Comment pourrait-il dire autre chose, puisqu'il ne sait autre chose ? Pour nous, disait autrefois l'un des plus grands saints de ce pur amour, le divin Paul, nous ne connaissons plus personne ; car c'est le propre de cet amour, d'ôter la vue de tout ce qui n'est pas Dieu : ou s'il laisse la connaissance de quelque autre chose, ce n'est que pour la voir en son néant, en la présence de cet être suradorable. De là vient qu'il s'écrie : Qu'ai-je au ciel ou en la terre, sinon vous, ô mon Dieu ! Il n'a rien en la terre, il n'a rien au ciel ; parce qu'il n'a rien que Dieu seul. En vérité, il ne pense plus ni à plaisir, ni à réputation, ni à honneurs, ou à richesses. Il s'oublie des biens naturels, des biens temporels, des biens moraux, des biens spirituels, n'étant rempli que du souverain bien. Je dirai plus : il perd même la mémoire de soi-même, car il se voit dans le rien, comme le reste des choses ; dans l'affaire de son salut, dans son âme, dans le paradis, dans l'éternité, il n'y voit que le Dieu de son âme, le Dieu du paradis, le Dieu de l'éternité. On a beau lui faire voir et lui parler d'autre chose, son cœur est toujours tourné vers Dieu seul. Son cœur et sa chair sont dans une sainte défaillance à l'égard de tout être créé ; Dieu seul, le Dieu de son cœur, et sa part éternelle, fait son unique tout.

C'est dans cet état qu'était cet homme apostolique, qui assurait qu'il ne vivait plus, qu'il n'y avait que Jésus qui vivait en lui. La divine Catherine de Gênes, que l'on peut appeler la sainte de la divinité de Jésus-Christ, ne pouvait pas même supporter ce mot, de moi ; c'est-à-dire qu'elle ne pouvait en aucune manière regarder le propre intérêt. Ô mon Dieu, et mon tout ! disait et redisait l'humble saint François ; et il passait les nuits et les jours à dire ces paroles du pur amour. Ô douces et agréables paroles, est-il écrit dans le dévot livre de *l'Imitation de Jésus-Christ*, et c'est un plaisir de les répéter ; car enfin, il est très vrai, et l'âme qui aime purement ne doutera pas de cette vérité : le pur amour en sa netteté ne peut voir, ne peut s'arrêter, ne peut dire que Dieu seul. Il ne peut se réjouir, et il ne peut prendre plaisir qu'en Dieu seul. Il ne peut se soucier que de ses intérêts sacrés. Toute sa joie est de les savoir établir, et toute sa tristesse de ne les avoir pas assez considérés. Pour les siens propres, il les a en horreur ; c'est pour lui une abomination. Non, il est vrai, il ne se soucie non plus de lui que de la boue des rues, et ces soins que l'on prend de soi-même, lui font grande pitié. Celui qui est dans sa bienheureuse possession fait un saint mépris de tout propre intérêt ; c'est pourquoi ce lui est une chose de rien d'être dans l'estime ou le mépris des créatures : disons encore davantage, les bons sortent de son cœur, aussi bien que les autres ; car il n'y a place que pour Dieu : ainsi il ne se met pas en peine d'être ruiné d'estime dans l'esprit des gens de bien, d'avoir des contradictions des serviteurs de Dieu, et de voir blâmer les meilleures actions que la grâce lui fait faire : tant moins de créature, dit-il, et plus de Dieu. Les délaissements qu'il en souffre, font son plaisir ; et à mesure que ces délaissements s'augmentent, sa joie devient plus grande, son repos plus calme, sa paix plus profonde ; car sa dernière et extrême joie est de sortir de l'être créé, pour être plongé dans l'incréé. Ce furent les derniers sentiments d'une âme de grâce de notre siècle, que le feu Père Condren, homme angélique, admira, et qui lui firent souhaiter une mort pareille. Je voudrais, disait-il, mourir de la sorte, en disant : Je quitte l'être créé, pour entrer dans l'incréé.

Cet être incréé, qui de Dieu seul fait toute l'occupation de la glorieuse éternité ; il remplit uniquement tous les esprits, et toutes les âmes des bienheureux qui y vivent : et il serait bien juste qu'il donnât le mouvement à tous les cœurs de la terre, comme il le fait dans le ciel ;

mais la plupart des cœurs sont attachés à leurs intérêts, et ceux qui se sont faits quittes de l'intérêt temporel, ne sont pas sans intérêt spirituel. Un contemplatif eut un jour une vue du petit nombre des parfaits amants du Fils de Dieu. Il lui était montré qu'entre mille, il n'y en avait pas cent qui aimassent Dieu, et entre ces cents presque pas un qui l'aimât pour l'amour de lui-même. Cette vue lui coûta bien des larmes. Ah ! disait-il, est-il possible qu'il y ait si peu de cœurs qui aiment de la belle manière ; mais combien dans ce très petit nombre de personnes qui aiment Dieu pour Dieu, s'en trouve-t-il qui, aimant Dieu pour Dieu, n'aiment que lui seul, et avec fidélité ? Le bienheureux Henri de Suso à peine en remarqua-t-il quelques-uns en sa dernière roche, c'est-à-dire en la révélation qui lui fut faite des plus hautes voies de la perfection. C'est ce qui nous a obligé de donner d'autres motifs en ce petit traité, afin qu'au moins les hommes aiment en quelque manière que ce soit : mais tous ces motifs ne sont considérables que parce qu'ils se terminent à Dieu. C'est Dieu qui donne la valeur à toutes choses, et sans lui toutes choses ne sont rien.

La nature angélique a des perfections admirables ; mais elle ne les tire que de Dieu seul, et ce n'est qu'en lui qu'elle possède des élévations si glorieuses. C'est à Dieu seul, enseigne le dévot saint Bernard, après l'Écriture, que l'honneur est dû et la gloire. Il est vrai, dit ce saint Père, que nous ne devons pas être ingrats envers les saints Anges ; que nous leur devons avoir une grande dévotion, et être beaucoup reconnaissants pour leurs bontés ; que nous devons être tout pleins d'amour pour de si nobles créatures, qui nous aiment si véritablement ; que nous les devons honorer autant que nous pouvons, et que nous devons avoir pour eux tous ces amours et toutes ces reconnaissances. Aimons, s'écrie ce saint homme, et honorons les Anges ; cependant tout notre amour et tout notre honneur doit être rendu à celui dont nous avons reçu, et eux et nous, tout ce que nous avons, soit pour aimer et honorer, soit pour être aimés et honorés : et après tout qu'avons-nous de reste, nous qui devons à Dieu tout notre cœur, toute notre âme, toutes nos forces ? C'est donc en Dieu et pour Dieu qu'il faut aimer les Anges. C'est Dieu qui doit être le grand motif de toutes nos dévotions ; et heureuses les âmes que non-seulement la vue de Dieu, mais la vue de Dieu seul fait agir. C'est pour ces âmes saintement désintéressées que nous avons mis Dieu seul pour leur servir de motif dans l'amour et la dévotion que nous les invitons d'avoir pour les esprits du pur amour. Si ce n'est que Dieu seul qu'elles regardent dans les choses, à la bonne heure ; elles peuvent donc bien considérer et aimer les Anges, car elles les trouveront tout remplis de Dieu seul.

L'Épouse, dans les cantiques, cherche ce Dieu seul au milieu des nuits sombres, et des obscurités de cette vie ; et dans l'ardeur de l'amour qui la presse, elle va de tous côtés : elle cherche ce bien-aimé dans les rues et les places publiques, elle en demande des nouvelles à tous ceux qu'elle rencontre ; mais tous ses efforts demeurent inutiles et sans effet. Enfin, elle est rencontrée par les gardes de la ville ; et les ayant un peu passés, elle trouve avec joie le bien-aimé de son cœur. Or cette amante sacrée est l'âme, divinement éprise du pur amour ; c'est pourquoi elle est Épouse à raison de son union avec Dieu seul. Comme ses affections ne sont pas partagées, elle mérite le lit nuptial du divin Époux ; aussi dit-elle qu'elle le cherche en son lit. Cet Époux lui déclare qu'il a été blessé d'amour par l'un de ses yeux, et par un seul de ses cheveux : il veut marquer par là l'unité de ses affections ; il ne parle que de l'un de ses cheveux, parce qu'elle n'a qu'une seule liaison ; que de l'un de ses yeux, parce qu'elle ne regarde qu'une seule chose, et c'est ce qui lui a ravi son cœur : ainsi elle ne pense qu'à lui, et ne veut que lui seul. Elle va donc dans les rues et les places publiques, le cherchant uniquement ; elle ne se met pas en peine s'il fait nuit ; elle ne songe pas qu'elle marche dans les ténèbres, son amour lui sert de flambeau et de guide : de même l'âme qui a le pur amour, s'appuyant uniquement sur la foi, cherche Dieu seul sans cesse au travers de tous les voiles des choses créées, et dans les rues et les places publiques, c'est-à-dire, de tous côtés. Et comme l'Épouse demande son bien-aimé, sans même le nommer, l'amour qui l'a transportée lui faisant croire que tout le monde sait le sujet de ses affections ; aussi cette âme crie partout, Dieu seul, sans prendre garde à ceux qui entendent ce langage ou non : elle méprise avec facilité l'aveuglement de ces gens, à qui ce discours est comme une langue étrangère.

Le langage de l'amour, dit saint Bernard, est un langage barbare à ceux qui n'aiment pas. Si je parle, dit l'amoureux saint Augustin, à une personne qui aime, elle ressent assez ce que je dis : si je parle à un cœur glacé et dépourvu de l'amour, il ne l'entend pas. L'Épouse ne trouve pas son bien-aimé ; c'est que son bien-aimé est Dieu seul : et dans tous les hommes il y a autre chose que Dieu seul ; si on excepte celle qui ne peut souffrir de comparaison, la toujours incomparable Vierge Mère de Dieu. Le péché se rencontre dans tous, ou le péché mortel, ou véniel, ou au moins originel ; s'il est vrai que quelques Saints aient été préservés du péché véniel, comme quelques-uns le pensent de saint Jean-Baptiste : mais enfin, ce bien-aimé se trouve après la rencontre de ceux qui veillent sur la garde de la cité ; c'est que ces gardes posés sur les murs de Jérusalem, qui veillent continuellement, sont les saints Anges ; et on trouve le bien-aimé en les rencontrant, parce qu'il n'y a et n'y a jamais eu en eux que Dieu seul. Il est vrai que l'épouse déclare qu'elle a trouvé son bien-aimé, après avoir un peu passé ces gardes parce que le pur amour ne s'arrête pas même aux beautés, ni à toutes les autres perfections des Anges, pour aimables et pour charmantes qu'elles puissent être : il passe tout cela, et s'en va uniquement à Dieu seul, l'auteur de toutes ces grâces et de tous ces dons, le principe et la fin de toutes choses. Celui qui a le pur amour est dans une mort générale à tout ; et c'est cette mort qui apprend la science de ce pur amour : c'est pourquoi saint Bernard souhaitait de mourir de la mort des Anges ; il entendait par cette mort cet éloignement parfait de toute attaque à l'être créé ; et dans le désir du pur amour, il soupirait fortement après ce saint dénuement de tout ce qui n'est pas Dieu. Où trouvera-t-on la sagesse ? dit le saint homme Job. Ce n'est pas en la terre de ceux qui vivent délicieusement : l'abîme et la mer disent qu'elle n'est pas avec eux. D'où vient donc la sagesse ? Elle est cachée aux yeux de tous les vivants, de tous ceux qui sont en eux-mêmes ; elle est même inconnue aux oiseaux du ciel, aux esprits plus élevés, aux personnes les plus doctes, à tous ces savants, à tous ces grands hommes. Il n'y a que la perdition et la mort, qui ont dit qu'ils en avaient appris quelque chose, et qu'ils en savaient des nouvelles. Ô mon Père, disait notre Maître, je vous confesse que vous avez caché ces choses aux sages et prudents, et que vous les révélez aux petits ! Ô que bienheureux donc les pauvres d'esprit ! Ô que bienheureux ces morts qui meurent au Seigneur, à qui la science de Dieu seul est donnée, et dont la volonté n'est attachée qu'à ce Dieu seul !

Ces âmes ne voyant que cette Majesté infinie dans les saints Anges, sont ravies, dans l'heureuse découverte qu'elles en font, ces troupes glorieuses. Ô troupes célestes, disent-elles, que vous êtes aimables dans vos beautés, puisqu'elles ne sont que de très purs miroirs de la beauté de Dieu, sans la moindre petite tache ! Il faut bien que nous vous aimions, puisqu'on ne voit que Dieu vous, puisque vous en avez été toujours remplies, puisque n'ayant jamais été à vous-mêmes, vous avez été toujours à lui seul. Grands princes de l'Empyrée, quel moyen de ne vous pas aimer, puisque vous avez toujours aimé et toujours été aimés de l'amour même, puisque sans cesse vous avez aimé autant que vous avez pu aimer : car il très vrai que vous n'avez pas été un seul moment sans amour, et sans le pur amour. Ô mon âme, si nos inclinations doivent être réglées par les inclinations d'un Dieu, les Anges doivent bien être le plus digne sujet de nos plus tendres affections. Ô mes désirs, allez donc, mais courez, volez à ces ravissants objets, à ces aimables Esprits, à ces glorieux princes de la bienheureuse éternité. Dieu seul, Dieu seul, Dieu seul.

SECOND TRAITÉ

PREMIÈRE PRATIQUE

AVOIR UNE DÉVOTION SINGULIÈRE AUX ANGES, ARCHANGES ET PRINCIPAUTÉS.

Les trois ordres de la troisième et dernière hiérarchie des Anges sont composés des Anges, des Archanges et des Principautés, ou, selon quelques-uns, des Vertus. Cette dernière hiérarchie est appliquée spécialement aux soins des hommes, des royaumes et provinces, ou de quelques autres choses particulières qui regardent le bien de l'homme. Nos Anges Gardiens sont pris ordinairement du troisième ordre de cette hiérarchie : les Archanges veillent sur les empires et sur les provinces ; et les Principautés communiquent aux Anges et Archanges les ordres de la divine Providence, qu'ils reçoivent de la seconde hiérarchie. Ils sont appelés Principautés, selon saint Grégoire, parce qu'ils sont les princes des célestes Esprits des deux ordres inférieurs de leur hiérarchie. Les Anges manifestent la divine volonté dans les choses ordinaires ; les Archanges la font connaître en celles qui sont de plus grande conséquence ; et les uns et les autres l'apprennent et en reçoivent les lumières par les Principautés, qui représentent d'une manière spéciale l'empire et la souveraineté de Dieu. Or, les bontés charitables des bienheureux Esprits de cette hiérarchie envers les hommes, sont si excessives, sont si admirables, que jamais nous ne pourrons assez ni les reconnaître, ni les admirer ; mais au moins aimons-les autant que nous les pourrons aimer. Je sais bien que ce ne sera jamais selon leurs mérites : fasse le ciel, que ce soit de toutes nos forces, autant que l'ordre de Dieu le demande de nous, et en la manière qu'il désire !

Ayons donc une singulière dévotion à nos bons Anges Gardiens : en vérité, il est bien difficile de s'en défendre ; et il faut n'avoir plus du tout de lumières, et être sans cœur pour ne pas entrer, à leur égard, dans tous les sentiments possibles d'une entière et parfaite reconnaissance. Honorons beaucoup tous les Anges Gardiens des infidèles, et allons de temps en temps en esprit pour converser avec eux, et leur tenir compagnie, pour leur marquer les regrets de nos cœurs sur l'infidélité des personnes qu'ils gouvernent. Hélas ! bien loin de les remercier de leurs soins amoureux, ces pauvres infidèles ne savent pas même qu'ils en sont assistés. Admirez ces princes du ciel, et leur patience infatigable : considérez-en tant de millions dans ces terres étrangères, qui veillent sans se lasser sur tous ces misérables, sans que jamais ils en reçoivent la moindre reconnaissance ; tâchez de suppléer, le moins mal qu'il vous sera possible, à leur oubli ; que ces ingratitudes, ou cette ignorance, vous remplissent le cœur de mouvements d'amour pour ces Esprits d'amour. Communiez de temps en temps en leur honneur ; faites des mortifications, donnez des aumônes, entendez la messe, et faites-la célébrer ; surtout comme nous l'avons déjà dit, tenez-leur compagnie en esprit, allez souvent leur rendre visite. Ah ! si les princes de la terre, si les rois du monde étaient en quelque lieu où vous puissiez avoir l'honneur de les saluer, de les entretenir à votre aise, de gagner leur amitié, et ensuite d'en être considérés, que feriez-vous ? Voici des princes et des rois de l'Empyrée que vous pouvez saluer à loisir, dont vous pouvez avoir les bonnes grâces, qui sauront bien récompenser tôt ou tard l'affection que vous aurez pour eux. Comme ils sont délaissés, ils en auront plus de sujet de vous aimer davantage. Un grand roi et bien généreux qui recevrait hors de son royaume et dans l'abandonnement de ses sujets, des services considérables, ne manquerait pas de les reconnaître hautement quand il serait paisible dans ses États ; jugez de là ce que vous devez attendre de ces nobles esprits. Faites des dévotions en leur honneur, pour obtenir de la divine bonté, la conversion des peuples qui sont sous leur charge ; afin que connaissant l'adorable Jésus et l'aimable Marie, ils connaissent aussi et révèrent ces grands de la cour céleste. Je vous dis la même chose des Anges Gardiens des hérétiques, des Anges Gardiens de tant de pauvres gens de la campagne, qui n'ont guère plus de lumières sur les saints Anges, que ceux qui vivent au milieu des terres infidèles. Entrez dans les mêmes pratiques à leur égard, et priez souvent que leur dévotion s'établisse par leur connaissance et leur amour.

Ayez de la dévotion aux Anges Gardiens de vos amis ; ils vous rendent en bien des rencontres des assistances plus grandes que vous ne pensez, et quelquefois même ils vous donnent des secours que vous ne recevez pas de votre propre Ange Gardien : il y a des occasions où ils s'intéressent pour le bien de ceux dont ils ont soin, sachant que votre amitié leur est utile pour le salut de leurs âmes. Comme il n'y a rien que ces saints Esprits aient plus en horreur que les amitiés mauvaises ou dangereuses, une des choses aussi qui les console davantage, est une sainte union pour l'intérêt de Dieu. Les diables travaillent, autant qu'ils peuvent, à lier de mauvaises amitiés, et les bons Anges à les rompre. Les saints Anges unissent avec soin les personnes qui vont à Dieu, et les diables n'oublient rien pour les séparer, et y mettre quelque désunion. Une sainte personne ayant contracté une amitié fort chrétienne avec une autre, le diable, envieux du bien qui en arrivait, en prit une, et la jeta du haut d'un degré par terre. L'Ange Gardien de la personne amie accourut bien vite à son secours, et empêcha qu'elle ne fût blessée ; mais ce qui est remarquable, c'est que ce fut l'Ange de la personne amie, et non pas le Gardien de celle qui fut précipitée par le démon.

Dans ce nombre de vos amis, les directeurs spirituels y doivent tenir l'un des premiers rangs ; priez leurs bons Anges qu'ils leur inspirent des conseils purs et conformes à la divine volonté : vous devez aussi bien considérer ceux de vos pères, mères, parents, ceux des autres personnes dont vous avez affaire, et qui vous rendent ou peuvent rendre quelque service ; l'honneur que vous rendrez à leurs Anges ne sera pas sans effet, et vous obtiendrez par leurs moyens ce que vous ne gagneriez jamais par une autre voie. Souvenez-vous bien aussi des Anges Gardiens de toutes les personnes qui vous obligent ou qui vous ont obligés ; ces Anges ont plus de part que vous ne croyez aux bienfaits que vous en avez reçus. Honorez les Anges de vos ennemis, de ceux qui vous sont opposés en quelque manière que ce soit, c'est le vrai moyen de leur adoucir le cœur ; ou, s'il est plus de la gloire de Dieu que vous en souffriez, ces glorieux Esprits vous obtiendront des grâces spéciales pour faire un bon usage de vos souffrances, et pour aimer cordialement ceux qui vous haïssent, ou qui vous font de la peine. N'oubliez pas de rendre vos respects aux princes du ciel, qui gouvernent le souverain Pontife, les évêques et autres personnes qui veillent sur l'Église, les rois, princes, gouverneurs et autres administrateurs des choses temporelles.

Les Archanges des royaumes et des provinces doivent encore faire le sujet de vos dévotions ; comme aussi ceux des villes et villages où vous demeurez, et par où vous passez. C'était la dévotion du saint homme, le père le Fèvre, premier compagnon de saint Ignace ; et saint François de Sales en fait une honorable mention, en son livre de *l'Introduction à la vie dévote*. Saint François Xavier, allant aux Indes, fit ses dévotions au saint Archange de ces pays ; et étant encore à Rome, il fut visité et exhorté puissamment de passer en ces terres étrangères par un Ange habillé en Indien. Ce Macédonien, qui parut à saint Paul, et qui le pressait d'aller en Macédoine, pour y prêcher l'Évangile était sans doute l'Archange de ce pays-là !

Nous avons dit ci-devant, qu'il y avait des Anges qui prennent soin des cieux, du soleil, du feu, de l'air, des eaux, de la terre, et même des autres créatures qui sont dans le monde. Et l'angélique Docteur tient que Dieu se sert du ministère des Esprits du ciel, pour tout ce qu'il fait ordinairement ici-bas en terre. C'est par eux que les fléaux de sa divine justice sont détournés, que les embrasements et les incendies s'éteignent, que les inondations cessent, que la peste s'apaise, que l'air se purifie, que les terres deviennent fertiles, et enfin que toutes sortes de biens nous arrivent, et que nous sommes préservés d'une infinité de maux ; et souvent tout cela sans que nous nous en apercevions, sans que nous sachions les obligations que nous en avons aux saints Anges. Prenons donc aujourd'hui une bonne résolution de les en remercier quelquefois, et de les invoquer et faire invoquer par des prières publiques et particulières, en temps de famine, de guerre, ou de peste, dans les autres maladies et besoins, pour la sécheresse et la pluie, pour les grains de la terre, et en toutes sortes de nécessités. Nous avons aussi dit que c'étaient les protecteurs à qui nous devons avoir recours en toutes choses, et les plus puissants que le ciel nous ait donnés pour détruire toute la puissance de nos adversaires.

Nos églises ont des Anges qui les gardent, et les autels mêmes ; et ils se rendent à grandes troupes auprès des tabernacles, où repose le très-saint Sacrement de l'autel, pour y faire la cour à leur Souverain. Plusieurs Saints les ont vus rendre leurs adorations à leur grand Roi et au nôtre. Un saint ermite apprit, de la bouche même d'un Ange, qu'il gardait un autel, et qu'il n'en était point parti depuis sa consécration. C'est à ces Anges que nous devons souvent avoir recours, afin qu'ils suppléent à nos négligences, à nos tiédeurs, et à notre peu de respect devant le Dieu d'infinie majesté, au très-saint Sacrement, afin qu'ils apaisent sa colère justement irritée, pour tant d'irrévérences qui se commettent en nos églises, afin qu'ils ouvrent les yeux à la plupart des Chrétiens qui font si peu d'attention à la vénération qui est due à nos temples. Il est bon de s'unir à ces Esprits célestes, à leurs respects, à leurs amours ; et, à l'imitation du Psalmiste, chanter les louanges de Dieu en leur présence.

Ô mon Seigneur et mon Dieu, souffrez ici que mon cœur se répande et soupire devant votre majesté, sur le déplorable aveuglement que l'on remarque parmi votre peuple, qui est le peuple de lumière. Est-ce donc vous, ô Dieu infiniment adorable ! qui êtes caché avec toutes vos grandeurs sous le voile des espèces de la divine Eucharistie ? Est-ce votre corps, votre sang, votre âme, votre divinité, qui est réellement et véritablement au très-saint Sacrement de l'autel ? Reste-t-il encore quelque peu de foi pour ces vérités si indubitables ?

Mais est-ce une illusion ce que nous voyons, ce que nous touchons, ce que nous apercevons si souvent dans le traitement que vous recevez des hommes en cet auguste mystère ? Les cheveux dressent, et il n'y a partie dans tout le corps qui ne tremble de frayeur, quand l'on considère les abominables profanations que font les sorciers, de ce sacrement d'amour, et les impiétés horribles des hérétiques, à l'égard de ce mystère adorable. Mais qui pourra jamais concevoir les irrévérences des fidèles, des personnes qui croient et qui craignent, et qui se disent prêts de mourir pour cette vérité ; que vous êtes, ô mon Dieu, ô adorable Jésus ! très présent en la divine Eucharistie ? Anges du firmament, quel spectacle est-ce pour vous que la vue d'un tel aveuglement ? Ah ! Qu'il faut bien dire que votre patience prend ces mesures de celle de ce débonnaire Sauveur, pour souffrir de telles irrévérences ! Non, il le faut dire à la face du ciel et de la terre : on ne peut en revenir ; il n'est pas possible, il faut se perdre d'étonnement lorsque l'on considère des ténèbres si effroyables. Ô mon Dieu ! Ô mon Dieu ! Vivons-nous dans un pays catholique ? Nos églises et nos autels sont-ils entre les mains des fidèles ? Ces peuples qui s'y rendent en foule, ont-ils quelque reste de foi ? Sommes-nous enchantés dans la découverte que nous faisons de ce qui se passe ; et si ce sont des vérités, pouvons-nous vivre ? Est-il possible que nous puissions rester dans un lieu où notre Maître est si étrangement traité ?

Écoutez, Chrétiens, mais écoutez-le bien : C'est une chose hors de doute, que sous la moindre petite parcelle du très-saint Sacrement de l'autel, le grand Dieu des éternités y est très véritablement ; tous les catholiques en demeurent d'accord. Mais quels soins apporte-t-on pour empêcher les profanations qui en peuvent arriver ? Ô combien de prêtres, peu instruits des saintes rubriques, ou peu appliqués aux soins du corps adorable d'un Dieu, ne font presque point d'attention pour recueillir soigneusement les parcelles qui peuvent rester sur la patène ou sur le corporal ! La plupart des autels portatifs sont si petits, que l'on ne peut pas retirer le saint calice un peu à côté ou en arrière pour avancer la patène sur le corporal, et pouvoir lever ledit corporal, et en faire tomber les parcelles qui y restent sur la patène, en sorte que très souvent le corps du Fils de Dieu y demeure, et tombe par terre, ou bien est porté à l'eau, quand il les faut blanchir. Combien trouve-t-on de corporaux troués, ou dans une saleté qui fait bondir le cœur ? L'expérience fait voir dans les maisons religieuses, où l'on se sert à la grille d'une patène quand l'on communie, ou de quelque taffetas rouge ou vert, parce que la couleur du linge ne permet pas de voir les parcelles de la sainte hostie, qui sont de la même couleur ; l'expérience, dis-je, fait connaître que souvent plusieurs parcelles se détachent insensiblement du très-saint Sacrement, et que par suite, dans les lieux où il n'y a qu'une nappe ordinaire, elles tombent, ou sur cette nappe, ou par terre, à moins que le prêtre ne veille extraordinairement à porter le ciboire de telle manière, qu'il soit toujours au-dessous de la sainte hostie, ce qui n'est pas presque possible en plusieurs occasions. Si elles tombent sur la nappe, elles tombent aussi par terre ; car à chaque fois que l'on communie, on laisse aller la nappe, et l'on n'y fait pas davantage de réflexion ; ensuite on la plie, on ne la regarde pas, et quand on le ferait, les petites parcelles qui sont presque imperceptibles, ne se pourraient pas voir, à raison de la couleur blanche du linge. Voilà donc le corps d'un Dieu foulé aux pieds, et quelquefois sous les souliers d'une chétive créature.

Combien de tabernacles pleins d'araignées ou de poussière, et si peu fermés, que l'on ne voudrait pas en sa maison avoir des armoires si peu sûres et si sales pour y renfermer les moindres choses ! Combien de prêtres en laissent-ils la clef dans l'église, sans être enfermée sous quelque autre clef, que l'on doit emporter, si l'on n'emporte pas celle du tabernacle ? Et combien de profanations arrive-t-il de ce peu de soin ? Nous parlons des choses que nous savons. Combien de ciboires, honteusement couverts de méchants haillons, pour y mettre la divinité, le corps et le sang de l'adorable Jésus ? Cependant les Chrétiens savent et voient ces choses, et presque personne ne pense à y apporter remède. L'on entend, hé ! mon Dieu, combien de fois l'ai-je entendu ? combien de fois me l'a-t-on dit ? Il n'y a point d'argent pour avoir même un peu de linge pour faire des corporaux ou purificatoires ! Les plus pauvres paysans en trouveront pour leur avoir des chemises et des collets ; mais pour vous, mon Dieu, vous n'avez pas ce crédit.

Ô Messieurs et Mesdames, qui avez tant de beau linge, tant de beaux meubles, tant de vaisselle d'argent, et qui en avez quelquefois pour les plus bas usages, que direz-vous au jour du jugement ? Pasteurs qui avez le soin de ce corps adorable, que lui direz-vous ? Sera-ce une excuse pour vous, de dire en ce jour redoutable, que l'Église n'avait pas d'argent pour avoir des corporaux, pour avoir quelque petit ciboire ou calice ? L'épargne d'un festin, de quelque repas, ou quelque autre dépense, y serait plus que suffisante ; je dis pour des calices et des ciboires ; car deux écus, ou moins, vous suffiraient pour avoir des corporaux, qui quelquefois sont si étroits, que le prêtre, après la consécration, à peine peut-il y tenir les mains. On verra dans la chapelle d'un gentilhomme un calice d'étain ; dans celle de plusieurs ecclésiastiques, qui en ont de bons revenus, la même chose, et presque point de corporaux ou d'ornements pour le saint autel. Mais est-il bien possible que ces choses que nous avançons soient véritables ? Y a-t-il encore quelque foi du très-saint Sacrement parmi les Chrétiens ? Nos cœurs peuvent-ils bien subsister après cela, sans se feindre de douleur ? Qui me donnera une voix de tonnerre, pour crier par toute la terre aux enfants des hommes, et leur reprocher leur dureté et leur insensibilité ?

Ô Anges du paradis, je m'adresse à vous, sachant bien que les hommes sont des endurcis : ayez donc soin, je vous en conjure, je vous demande cette grâce, prosterné à vos pieds, dans le regret de mon cœur, et baigné de larmes ; ayez soin du corps de notre Souverain. Ayez soin de toutes les parcelles des saintes hosties ; donnez de saints mouvements aux prêtres pour les bien nettoyer avant de les consacrer, et pour se servir ensuite de tous les moyens possibles, afin que celles qui restent après la consécration ne soient pas profanées. Inspirez de fortes vues aux prélats, aux archidiacres et aux visiteurs, pour tenir la main pour trouver des moyens à ce que le corps d'un Dieu soit traité, soit gardé avec toute sorte de respect. Donnez de plus en plus des lumières à ceux qui élèvent les ecclésiastiques dans les séminaires, à y donner les instructions nécessaires sur un sujet de telle importance ; faites que dans les conférences des ecclésiastiques l'on s'en entretienne, l'on en parle, l'on avise aux remèdes ; touchez le cœur des personnes qui ont quelque commodité, à ce que dans les diocèses l'on s'unisse ensemble pour faire quelque fonds pour avoir des ciboires, calices, corporaux. Je sais, dans l'expérience que j'en ai, par un grand nombre de visites que mon ministère m'oblige de faire tous les ans, que si l'on avait un peu de zèle, il serait facile en quelques années, par les soins d'un prélat, des archidiacres, des curés, de la noblesse et de quelques personnes accommodées, d'avoir des tabernacles décents, des ciboires d'argent ; ou dans les lieux qui sont sujets à être volés, des ciboires de cuivre, dont la concavité serait remplie d'une façon de coupe d'argent, qu'il est facile d'approprier au ciboire fort au juste, et de l'y attacher proprement pour y mettre les saintes hosties, et cela pour peu de dépense, deux écus y pouvant suffire. Ces sortes de ciboires sont aussi propres que les petites boîtes d'argent, et sont plus d'usage, à raison qu'ils contiennent un plus grand nombre d'hosties, qui n'y sont pas exposées, comme dans les petites boîtes, à plusieurs périls que l'on voit en arriver, lorsque l'on s'en sert pour communier à Pâques, ou en d'autres fêtes solennelles, quand il y a grand nombre de personnes qui approchent de la sainte table : il serait aisé, dis-je, d'avoir des tabernacles raisonnables, aussi bien que des ciboires, et de ne se servir plus que de calices d'argent, et de fournir toutes les églises et chapelles de corporaux et purificatoires qui seraient en bon ordre.

Sublimes Intelligences, aimables Gardiens des chapelles, faites connaître le désordre où elles sont ; faites-en faire la visite exacte ; car très souvent on ne les visite point, l'on se contente de celles des paroisses, ce qui fait qu'à peine sait-on ceux qui en sont les titulaires, qui souvent n'y viennent point, qui en mangent le revenu impunément, qui laissent les fondations, qui ne s'en acquittent que d'une partie et qui ne font aucune dépense pour ces chapelles ou prieurés qui sont dans un état pitoyable, sans ornements, sans décoration, qui paraissent plutôt des étables ou des granges, que des chapelles destinées à la consécration du corps et du sang d'un Dieu.

Ô quel compte les prélats rendront-ils de tous ces lieux, où il se commet des irrévérences perpétuelles contre le plus auguste de nos mystères, par le peu de soin qu'ils en ont. Je ne puis ici m'empêcher que je ne dise une remarque que j'ai faite en mes visites. S'il manque à une église une bannière ou un drap de mort, l'on voit un grand empressement pour trouver de l'argent pour en avoir ; si l'on parle sur ce sujet, l'on est écouté, l'on est aidé ; chacun crie que c'est un désordre, et quoique la dépense soit assez considérable, l'on trouve les moyens de la faire : faut-il deux écus pour mettre un ciboire dans la décence, en la manière que nous l'avons dit, ou pour avoir des corporaux, chacun ne dit mot, personne n'y veut entendre. Voilà où va l'aveuglement des Chrétiens, ce qui marque assez et la dureté des cœurs et le manque de foi. Quelquefois même l'on s'opposera à avoir un calice d'argent, ou un ciboire ; l'on criera qu'il suffit bien d'en avoir un d'étain ; que l'on s'en est bien contenté par le passé, et l'on voudra mettre l'argent de la fabrique en rente. Je laisse à penser à toutes les âmes de piété, à ce qu'elles feront pour travailler à remédier à des choses si déplorables, et je convie avec larmes, toutes celles qui sont touchées de la gloire de l'adorable Jésus au très-saint Sacrement, de faire quantité de dévotions en l'honneur des saints Anges, et spécialement de ceux qui résident dans nos églises, qui sont auprès du très-saint Sacrement, qui en gardent les autels, afin qu'ils demandent pardon à la majesté divine de nos irrévérences, de nos froideurs, de notre aveuglement, de notre dureté, et à ce qu'ils inspirent des moyens convenables pour faire rendre les respects qui lui sont dus dans ce mystère d'amour.

Ce que rapporte le père de Bary Jésuite, en son digne livre de la *Dévotion des Anges*, fait bien voir que les communautés ou congrégations ont aussi des Anges qui en prennent soin. Il assure donc avoir appris du confesseur d'un jeune homme de la ville d'Eu, que ce jeune homme étant fort malade vers l'heure de midi, un jour de mercredi, deux Anges, pleins de majesté et de beauté, lui apparurent, et qu'ils le consolèrent jusqu'au moment de sa mort, qui fut le samedi suivant, comme ils lui avaient prédit. Or l'un de ces Anges lui dit qu'il était son Ange Gardien, et l'autre, le tutélaire de la congrégation de la très-sacrée Vierge, établie en cette ville, au collège de la Compagnie de Jésus. L'Ange de la congrégation lui dit de plus, qu'ils étaient envoyés par le commandement de la très-sainte Mère de Dieu, pour l'assister de la sorte, à raison de la patience qu'il avait eue dans un mauvais traitement de son père et de sa mère, particulièrement ayant pu l'éviter, s'il eût voulu, et parce qu'il avait fidèlement observé les règles de la congrégation.

C'est une sainte pratique d'implorer le secours des Anges du diocèse dans lequel on est, et des Anges de celui qui en est le prélat ; et de ses officiers, afin qu'ils obtiennent l'établissement du règne de Jésus-Christ dans les fidèles qui y demeurent, la destruction de l'empire de Satan, et les lumières et la force nécessaires pour gouverner saintement le diocèse ; et afin qu'ils empêchent la malice et les ruses des diables, qui travaillent toujours à détruire les moyens dont Dieu veut se servir pour l'établissement de ses divins intérêts.

Enfin, il faut être dévot aux Anges, pour en obtenir la pureté de corps et d'esprit, la charité envers le prochain, et la patience ; aux Archanges, pour en obtenir le zèle de l'intérêt de Dieu pour nous et pour les autres, spécialement pour les princes de l'Église et l'État séculier, pour les personnes publiques, pour le bien spirituel et temporel des royaumes et provinces ; aux Principautés, pour la réforme de notre intérieur. L'homme est un petit monde, et il doit commander à ses passions, et les gouverner en roi. Mais comme sa puissance est merveilleusement affaiblie par le péché, il a besoin d'être soutenu, pour ne se pas laisser vaincre à soi-même. Les Principautés qui portent à cette glorieuse qualité, par le commandement que Dieu leur a donné sur les Anges inférieurs, lui rendront de puissants secours, s'il tâche à ne s'en pas rendre indigne : mais pour cela il faut honorer, avec de profonds respects, ces grands princes du paradis.

DEUXIÈME PRATIQUE

HONORER PARTICULIÈREMENT LES PUISSANCES, LES VERTUS ET LES DOMINATIONS

La seconde hiérarchie est composée des puissances, des Vertus et des Dominations ; ou, selon quelques-uns qui mettent les Vertus dans la dernière hiérarchie, des Principautés, des Puissances et des Dominations. Les dominations, comme seigneurs ou premiers de la seconde hiérarchie, donnent les ordres dans les choses de Dieu ; les Vertus donnent des forces pour les exécuter, et les Puissances résistent aux diables qui s'y opposent, détruisant leur pouvoir, et surmontant tous les obstacles qui s'y rencontrent.

C'est donc les Dominations qui, donnant les ordres de Dieu, nous font connaître sa sainte volonté. Ô que nous serions heureux, si nous pouvions bien discerner la volonté divine d'avec la nôtre ! Combien de fois l'amour de nous-mêmes et de la créature, qui ne peut produire en nous que de l'aveuglement, nous donne-t-il le change, et nous fait-il prendre notre volonté pour celle de Dieu ! Une âme, un peu touchée du divin amour, a de la peine, quand elle connaît bien la divine volonté, à s'y opposer : mais la nature corrompue vient secrètement, et nous fait penser facilement que ce que nous voulons est dans l'ordre de Dieu. Nous voudrions bien que la volonté de Dieu fût faite ; mais nous serions bien aises que la nôtre se fît aussi ; ainsi l'on tâche d'accorder la volonté divine avec la sienne. Ce désordre est bien plus grand que plusieurs ne pensent parmi les spirituels : la dévotion aux Dominations y est un grand remède, puisque c'est le propre de ces Esprits de lumière de nous faire connaître les ordres de Dieu ; ils sont comme les secrétaires d'état du grand roi Jésus.

Mais ce n'est pas assez de savoir les ordres de Dieu, il en faut venir à l'exécution. Celui qui connait la volonté de son maître, et ne la fait pas, sera grandement châtié. Ô mon Dieu, qu'il est juste que vos créatures vous soient parfaitement assujetties ! Ô Seigneur, qui est semblable à vous ? Qui peut paraître en votre divine présence, et y être considéré ? Tout l'univers devant vous n'est qu'une goutte de rosée, et toutes les nations qu'un pur néant. Quelle misère de ne pas voler au moindre signe de votre bon plaisir ! Ô bon plaisir divin ! puisses-tu être à jamais notre unique plaisir. Allons, mon âme, allons, tirons toujours de ce côté-là : que le monde, et tout ce qu'il y a au monde, soit pour vous à jamais un sujet d'horreur. Ô que votre volonté se fasse, ô mon Dieu ! En la terre comme au ciel. Cependant avec tous nos bons desseins, nous ne faisons rien qui vaille ; nos vues sont plus longues que nos bras. L'on voit du haut d'une tour un chemin très fâcheux par où il faut passer ; et la vue en est plus facile sans doute, que la peine qu'il faut souffrir lorsqu'on y marche actuellement. Il en va de même dans nos raisons ; il nous semble que rien ne nous arrêtera ; et lorsqu'il faut combattre, de petits nains font perdre le cœur à ceux qui défaisaient, en leurs pensées, des géants et des monstres. Nous ne sommes que pure faiblesse ; nos sens, nos inclinations nous gouvernent. Vous verrez des personnes de dévotion, qui semblent faire des merveilles, rendre les armes à une petite inclination, se laisser abattre à un je ne sais quoi ; cela fait la dernière pitié : après tout cela, notre impuissance ne nous est pas encore connue ; nous sommes encore plus faibles que jamais nous ne pouvons penser. Que la dévotion aux Vertus soit donc notre ressource, pour être soutenus de ces fortes Intelligences. Invoquons-les dans nos faiblesses ; conseillons-en la dévotion à tous ceux qui tombent si souvent, quelques bons désirs qu'ils aient ; appelons-les à notre aide ; aimons-les, et les bénissons quand nous aurons surmonté quelque attache, ou résisté à quelque inclination de la nature. Saint Grégoire estime que c'est par les Vertus que Dieu ordinairement fait la plupart des miracles : ayez donc bien de l'amour pour ces Anges ; et dans les besoins extraordinaires du corps et de l'esprit, dans les maladies publiques et autres maux, ayez recours à eux. C'est encore par eux que Dieu gouverne les saisons, et généralement les cieux et les éléments, quoiqu'il y ait des Anges de la dernière hiérarchie qui en prennent un soin particulier. Dans le temps de la peste, d'inondations et choses semblables, une des meilleures choses que l'on puisse faire, c'est de les prier et de les honorer.

Nous avons dit ailleurs les différentes tentations des démons, leurs ruses, leurs malices et leurs forces, et qu'il ne nous est pas possible de résister à ces forces invisibles, de nous-mêmes ; nous avons dit que les saints Anges nous étaient donnés pour en triompher. Mais il faut dire ici que c'est au chœur particulièrement des Puissances, que Dieu a donné un pouvoir très spécial de détruire tous les efforts des malins esprits ; et l'un des plus grands secrets de la vie spirituelle est de s'appliquer avec soin à honorer les bienheureux Esprits en Chœur. Il n'est ni en mon pouvoir ni en celui des autres hommes, de faire voir assez hautement les merveilleux effets qui en proviennent. Selon ma petite lumière, c'est l'une des dévotions qu'il faut le plus insinuer, que celle des Puissances, comme l'une des plus nécessaires et des plus avantageuses. Quand l'on voit des orages s'élever dans l'Église ou dans l'État, des soulèvements contre des gens qui travaillent à la gloire de Dieu, des oppositions extraordinaires qui se forment aux grands biens que l'on pensait à faire dans les diocèses, dans les villes, campagnes et provinces, pour lors il faut faire quantité de dévotions en l'honneur de ces Puissances du ciel, afin qu'elles détruisent et renversent toute la puissance et les misérables desseins de l'enfer.

TROISIÈME PRATIQUE

AVOIR DE PROFONDS RESPECTS ET DES AMOURS EXTRAORDINAIRES POUR LES TRÔNES, CHÉRUBINS ET SÉRAPHINS.

La première hiérarchie est composée des Séraphins, des Chérubins et des Trônes ; elle reçoit immédiatement les lumières de Dieu, et c'est par elle qu'elles sont communiquées aux deux autres hiérarchies.

Les Séraphins excellent dans le pur amour de Dieu seul ; aussi leur nom ne veut dire qu'incendie, ardeur. Tous les Anges sont admirables dans le divin amour ; mais les Séraphins y sont incomparables. Tous ces Esprits angéliques aiment grandement, mais l'amour des Séraphins dit une ferveur d'amour sans comparaison (l'on excepte toujours la très-sacrée Vierge, la Reine du saint amour) : l'amour séraphique, dit un amour excessif, qui brûle et porte des incendies partout où il se rencontre. Le grand saint Denis en rapporte huit propriétés, qu'il compare à celles du feu. Le feu est toujours dans le mouvement, les esprits des Séraphins sont continuellement dans une tendance ineffable vers Dieu. Le feu agit toujours : les Séraphins sont toujours occupés de Dieu seul, sans jamais s'occuper, non pas même pendant le moindre instant, d'eux-mêmes, ni d'aucune chose créée. Le feu est inflexible ; l'amour des Séraphins est immuable, rien ne peut le contrarier. Le feu a beaucoup de chaleur ; l'amour des Séraphins est tout plein d'ardeur. Le feu, demeurant feu, ne perd jamais sa lumière ; la force de l'amour séraphique demeure toujours en son entier. Le feu est pénétrant ; l'amour des Séraphins ne se contente pas d'une union commune avec Dieu, mais ils désirent la plus intime et la plus étroite. Le feu, non-seulement pénètre ce qui est combustible, mais il le pénètre en toutes ses parties ; l'amour séraphique se plonge, se perd et s'abîme en la divinité, par une glorieuse transformation. Le feu échauffe et purge ; les Séraphins portent l'amour et la clarté dans tous les chœurs des Anges inférieurs.

On attribue spécialement aux Chérubins la science, comme l'on fait l'amour aux Séraphins : ils ne sont pas seulement appelés les savants de la belle science du ciel, mais saint Grégoire assure qu'ils en ont la plénitude. La divine lumière leur donne des connaissances admirables, et les saintes clartés dont ils sont remplis, rejaillissent avec abondance sur les autres hiérarchies. Ils sont représentés chez le prophète Ézéchiel sous une figure sensible, qui a des yeux de toutes parts, parce que ces Esprits sont tout de lumière et de clarté.

Les Trônes sont appelés de la sorte, par rapport aux trônes des souverains de la terre ; parce que comme les trônes matériels sont élevés de terre, de même ces Trônes célestes sont dans une élévation très sublime, proche de la gloire de la majesté de Dieu ; avec cette différence, que les grands de la terre sont assis, se tiennent fermes, et se reposent dans leurs trônes ; mais au contraire, les trônes du ciel prennent leur fermeté et tout leur repos du Souverain du paradis. On ne laisse pas de dire, assure saint Bernard, que Dieu est assis sur ces Esprits de paix ; et c'est pourquoi on les appelle Trônes ; mais Dieu, ajoute ce Père, n'y serait pas assis, s'ils ne l'étaient eux-mêmes : de là vient cette paix incompréhensible qu'ils possèdent, qui surpasse tout ce que l'on en peut penser. Il faut dire de plus que comme les rois se font porter quelquefois dans leur chaise royale, de même Dieu, en quelque manière, porte son esprit par ces Anges, et le communique aux Anges inférieurs, et aux hommes : comme les rois donnent leurs jugements sur leurs trônes, c'est aussi du milieu de ces Trônes que Dieu prononce ses ordres ; c'est là où les Dominations les apprennent, c'est là où ses divins jugements et ses conseils se manifestent.

Après cela, disons qu'il faut aimer, à quelque prix que ce soit, les Trônes, les Chérubins et les Séraphins ; et s'il est bien juste d'avoir du respect et de l'amour pour tous les Anges, il faut pour ceux-ci avoir des respects nonpareils, et des amours extraordinaires. Le Seigneur, dit l'Écriture, a choisi sa demeure dans la paix. Portez donc, dans le temps des guerres, vos dévotions vers les Trônes, pour obtenir cette paix que le monde ne peut donner ; priez-les pour l'avoir avec vous-mêmes, avec Dieu, et avec votre prochain : mais souvenez-vous que la paix de Dieu n'est pas comme le monde l'estime ; car souvent ce qui fait la paix avec Dieu, nous fait une forte guerre avec les hommes. Si je plaisais aux hommes, disait le grand Apôtre, je ne serais plus serviteur de Jésus-Christ. Il y a certaines gens, des prédicateurs, des supérieurs, des personnes en charge dans l'Église, qui ont si grande peur de déplaire aux créatures, et qui veulent tellement les contenter, qui craignent si fort la censure du monde, et le jugement que l'on peut faire d'eux ; qui sont dans une telle frayeur des contradictions, qu'ils laissent faire la guerre à Dieu par le péché et par l'infidélité dans les emplois de ceux qui sont sous leur charge. C'est cette paix que le Fils de Dieu proteste hautement n'être pas venu apporter en terre : aussi cet aimable Sauveur y a toujours été un signe de contradiction : on ne l'y a pu souffrir, et enfin il lui en a coûté sa divine vie.

Pour être établi fortement dans cette paix divine, que tous les diables et les hommes ne peuvent troubler, il faut, en peu de mots, ne craindre rien, et n'espérer rien d'aucune créature vivante. Ce peu de paroles renferme une paix qui surpasse tout sentiment. Disons encore : croyez uniquement en Dieu, espérez uniquement en Dieu, aimez uniquement Dieu seul ; ne croyez jamais au monde, ni à ses discours, à ses maximes ; n'espérez jamais rien du monde, ni de ses honneurs, ni de ses plaisirs, ni de ses biens : n'aimez jamais le monde, et vous voilà dans une profonde paix. Ne faites plus d'état de toutes les choses créées ; ne les regardez jamais que dans leur néant ; ne désirez jamais avoir aucune part ni dans l'estime, ni dans le cœur de qui que ce soit ; que les bons sortent de votre cœur, aussi bien que les autres ; ne faites aucune exception ; soyez prêt de souffrir de toutes les créatures, sans réserve de vos plus intimes, aussi bien que de vos ennemis ; ne croyez pas qu'on vous puisse faire tort : soyez dans un entier abandon à la divine Providence, pour entrer dans toutes les voies les plus affligeantes, soit extérieures, soit intérieures ; ne faites pas de réserve pour aucune croix ; n'ayez plus aucun désir ; perdez-les tous dans le bon plaisir divin ; que Dieu seul vous suffise, vous voilà dans une paix du paradis. Souvenez-vous ici que le trouble de la partie inférieure peut bien compatir avec la paix qui réside dans le fond de l'âme, et qui même quelquefois nous est cachée : ainsi il arrive que nous ne sommes jamais mieux en bien des rencontres, que lorsque nous pensons être le plus mal. Le diable donne une fausse paix, qui tôt ou tard n'empêche pas l'inquiétude et le trouble. Au reste, si la paix est le don des dons, et si Notre-Seigneur se sert des bienheureux Trônes pour ordonner, il n'y a plus à douter qu'on ne doive avoir pour ces Esprits de paix une dévotion toute singulière.

Je dis de même pour les Chérubins, puisque ce sont les Anges des plus belles lumières du paradis, et qui savent mieux nous instruire dans la belle science des Saints. L'on dit, et il est vrai, que nous en savons plus que nous ne faisons ; que dans les voies de la vertu, il y a plus de lumière que de pratique : cependant il est aussi vrai que la parfaite lumière est rare, et vous auriez de la peine à le croire. Ô non, je ne parle pas ici de la lumière de ces savants, qu'ils ont puisée seulement dans leurs livres : l'on n'ignore pas que dans notre siècle elle est très commune ; mais de celle des Saints, que l'on rencontre plus facilement dans quelque pauvre frère Convers, dans quelque simple femmelette bien mortifiée, que parmi les doctes. Ô qu'il est rare, non-seulement d'aimer le mépris, l'abjection, la pauvreté, le renoncement de soi-même, la vie cachée et inconnue ; mais encore d'être bien persuadé de l'excellence de ces choses ! L'on en parlera bien dans l'occasion, par la lecture que l'on en a faite, par conférences que l'on a entendues ; mais ce ne sera pas par une entière persuasion de l'esprit : ou si l'âme est touchée de ces vérités, ce n'est que fort superficiellement. C'est aux pieds de Jésus-Christ crucifié, que s'apprend cette science ; et cela, non pas tant par le raisonnement de l'oraison, du discours, ou de la méditation, que par une vive lumière surnaturelle qui est donnée, et qui n'est guère donnée qu'aux pauvres, qu'aux abjects, qu'aux personnes fort humiliées. Peu de personnes, parmi même celles qui font profession de dévotion, apprennent cette grande leçon de l'école de Dieu : qu'il est bon qu'on ne sache pas si nous sommes au monde, d'y être entièrement inconnus, ou de n'y être connus que pour être crucifiés, et y passer pour l'opprobre des hommes ; qu'il n'y a rien de plus grand que d'y être foulés aux pieds ; que la grande consolation est d'y souffrir de terribles croix à l'intérieur et extérieur ; que tout ce qui y est, n'est rien. À peine verrez-vous des directeurs qui, n'estimant plus que Dieu seul, que Jésus crucifié, et étant fortement persuadés qu'il n'y a rien sur la terre, ni honneurs, ni plaisirs, ni richesses qui méritent l'occupation d'une âme chrétienne, aident les âmes à marcher par les sûres voies du néant. S'il s'en rencontre quelques-uns, à même temps tout l'enfer conspire contre eux ; il en donne des frayeurs ; on les craint sans en savoir la cause ; il en fait courir mille bruits, il tâche de les rendre suspects : mille autres directeurs, ou prédicateurs, ne font pas tant de peur aux diables, que l'un de ces gens-là. Un démon forcé par l'autorité de l'Église avoua que l'homme de la terre qu'il craignait le plus, était le saint homme le père Jean de la Croix, parce que, disait cet esprit de l'enfer, il enseigne d'aller à Dieu seul par le chemin du rien : aussi l'on vit bientôt les effets de la rage de ces esprits diaboliques, contre l'homme de Dieu, par les calomnies qu'ils lui suscitèrent, par les informations que firent ses supérieurs contre sa vie, et par les mauvais traitements qu'il en reçut.

Comme les Chérubins sont les sacrés ministres des lumières de Dieu, les Séraphins le sont de son amour. Quiconque donc aspire au pur amour, doit avoir une liaison très particulière, et des amours extraordinaires pour ces aimables Esprits. Les Saints qui ont le plus excellé dans le pur amour, en ont reçu des assistances prodigieuses, comme saint François et sainte Thérèse. Ce fut un Séraphin, comme il a été dit, qui imprima à saint François les plaies du Sauveur ; ce fut un Séraphin qui transperça amoureusement d'une flèche sacrée le cœur généreux de la grande Thérèse. Tous les grands amants du Fils de Dieu, ceux même qui ont été les premiers des plus grands saints, n'ont point de plus grande gloire dans le ciel, que celle d'être élevés dans le chœur de ces esprits tout d'amour. C'est à leur heureuse compagnie que les âmes les plus éminentes peuvent aspirer. Feu monsieur Gallemant, homme tout apostolique, et l'un des premiers supérieurs du saint ordre des Carmélites en France, disait que cet ordre était destiné pour remplir le chœur des Séraphins, s'il faisait bon usage de l'éminence de sa grâce. L'on a vu dans les apparitions miraculeuses, dont la sainte Vierge a favorisé le vénérable Jean de la Croix, cette Reine des Anges, qui tenant un paquet, ou comme un livre d'une blancheur merveilleuse, posé sur la tête d'un Séraphin, le donnait à sainte Thérèse, et à cet homme de Dieu qui paraissait à ses pieds. Or, ce paquet marquait assez la règle du Carmel : il était posé sur la tête d'un Séraphin, pour apprendre que ceux qui la devaient observer, étaient obligés de vivre comme des Séraphins en terre ; aussi ce Séraphin paraissait sans couronne, à raison qu'il représentait des personnes qui sont encore dans la voie ; l'on en voyait au-dessus de couronnés, pour faire voir en même temps, qu'après cette vie, ces Séraphins de la terre participeraient aux couronnes des Séraphins du ciel, et rempliraient les sièges des Esprits apostats de ce Chœur, qui en ont été malheureusement précipités.

QUATRIÈME PRATIQUE

AVOIR UNE GRANDE DÉVOTION À SAINT MICHEL, À SAINT GABRIEL, À SAINT RAPHAËL, ET AUX AUTRES QUATRE ANGES QUI SONT AUPRÈS DU TRÔNE DE DIEU.

Saint Michel a pris la défense de l'honneur de Dieu contre Lucifer, au sujet de l'incarnation du Verbe, et saint Jean Chrysostome estime qu'il fut aussi des premiers à lui rendre ses hommages au jour de son humble naissance en la crèche de Bethléem. C'est lui qui est l'Archange tutélaire de l'Église, et c'est avec grande raison qu'il passe pour être aussi celui de la France. Les signalés secours que ce royaume en a reçus en sont de fortes preuves. Ce grand prince du paradis a voulu même avoir un lieu en ce royaume, dans le diocèse d'Avranches, qui lui fût particulièrement consacré, qui est à présent vulgairement appelé le mont Saint-Michel ; lieu célèbre par le concours extraordinaire des peuples qui y arrivent de toutes parts, pour honorer ce saint Archange. C'est lui qui assiste les âmes à l'heure redoutable de la mort, et qui, selon la doctrine de saint Augustin et de saint Bonaventure, ne les assiste pas seulement en ce moment décisif de l'éternité, mais encore les introduit après la mort dans le ciel. Il est bon ici de remarquer qu'il attend les ordres de l'auguste Mère de Dieu, pour assister plus spécialement les âmes qu'elle favorise davantage ; c'est le sentiment de saint Bonaventure : et le ciel a bien voulu réserver cette faveur à la Reine du Ciel. Ô qu'il est doux de vivre et mourir sous la protection d'une si aimable et si aimante protectrice ! C'est enfin saint Michel qui est estimé le premier de tous les Anges en gloire, et le plus élevé des Séraphins. Si nous aimons donc l'intérêt de Dieu seul, il le faut aimer ; car c'est le grand Saint de l'intérêt de Dieu, et de Dieu incarné. Si nous aimons l'Église, si nous nous aimons nous-mêmes, si nous avons soin de notre salut, si nous voulons être secourus au dernier moment de la vie, il le faut beaucoup honorer dans les besoins de l'Église, pour la destruction des schismes et des hérésies, pour l'établissement de la vigueur de la discipline ecclésiastique, pour la sainteté des mœurs des prélats, et spécialement du souverain Pontife, pour la conservation et augmentation de la foi dans les pays où elle est établie, pour la publication de l'Évangile dans les terres des infidèles.

Saint Gabriel est aussi l'un des premiers Séraphins ; et quand on l'appelle Archange, comme l'on fait aussi pour saint Michel, il faut savoir que ce n'est pas que l'on entende qu'il soit simplement du huitième chœur des Archanges ; mais ce nom d'Archange est commun à ceux qui sont les plus considérables entre les princes du ciel, de même que l'est le nom d'Ange à tous ces esprits bienheureux, de quelque ordre qu'ils soient, aussi bien aux Séraphins qu'aux Anges du neuvième et dernier Chœur. C'est saint Gabriel qui a été choisi de Dieu pour traiter du mystère de l'Incarnation ; et ceux qui donnent à la Reine du ciel un Ange Gardien estiment que ç'a été ce glorieux prince qui en a eu soin. Et même dans l'opinion de ces savants, qui pensent que la Mère de Dieu n'avait pas d'Ange Gardien, mais des troupes d'Anges servants, c'est saint Gabriel qui était l'un des premiers de ces troupes bienheureuses à servir celle à qui un Dieu n'a pas fait de difficulté de s'assujettir.

Saint Raphaël est encore un des sept premiers princes qui sont auprès du trône de la divine Majesté, comme l'Écriture nous l'enseigne ; il n'y a aucun lieu d'en douter. Il ne faut que lire dans l'Écriture les services qu'il a rendus à Tobie, pour être saintement passionné de cet Esprit du ciel. Il est bien difficile de ne pas se sentir le cœur amoureusement attendri à la vue des charitables assistances qu'il lui a rendues. Le père de Tobie l'envoyant à la ville de Ragès, et lui ayant recommandé de chercher un guide fidèle pour l'accompagner en son voyage, saint Raphaël lui apparut visiblement, en forme d'un jeune homme d'une grande beauté, et lui tint compagnie durant tout son voyage, le consolant, l'instruisant, le délivrant de grands périls, et le comblant de mille et mille faveurs. De prime abord il le salue, en lui disant : que la joie soit toujours avec vous ; il le délivre du monstre marin qui pensa le dévorer ; il lui procure de l'argent et une épouse, il empêche les démons de lui nuire, il redonne la vue à son père ; il lui donne, et à toute sa famille, des bénédictions d'une paix céleste, d'une joie du paradis, et une abondance de tous biens pour cette vie et pour l'autre. Il a conduit, comme il a été dit, saint Macaire le Romain durant trois ans visiblement jusque bien avant dans les déserts, lui ayant toujours tenu compagnie depuis sa sortie de Rome, d'où il s'était enfui, ayant quitté son épouse le jour de ses noces pendant qu'on tenait le bal. Il a délivré du mal caduc un novice de saint Dominique, à condition qu'il serait bien chaste. Il a délivré des mains des voleurs un pèlerin français qui allait à saint Jacques en Galice ; et enfin, il ne faut que lui être dévot pour en ressentir les faveurs qu'il départ avec une libéralité surprenante.

Il y a de plus quatre autres princes du ciel, outre saint Michel, saint Gabriel, saint Raphaël, qui sont les plus proches du trône de Dieu, et dont l'on ne sait pas bien les noms. Quelques-uns pourtant disent que le quatrième s'appelle Uriel, et ils prennent leur fondement du livre d'Esdras, comme saint Ambroise et saint Bonaventure. Le père de Barri rapporte qu'on a dédié un temple à Dieu, en l'honneur de ces sept princes en la ville de Panorme, capitale de la Sicile, et qu'il y en a eu un autre en la ville de Rome dédié par Jules III ; qu'il y a eu même une confrérie dressée en leur honneur en la ville de Panorme, dont nous venons de parler. Il rapporte de plus qu'on leur a assigné des symboles particuliers pour apprendre aux peintres à les peindre, et qu'on les voit représentés à merveille en la susdite ville de Panorme, à Anvers et en d'autres lieux. Saint Michel, foulant aux pieds Lucifer, porte en la main gauche une palme verdoyante, et tient en la droite une lance, au bout de laquelle est un étendard blanc comme neige, avec une croix incarnadine au milieu. Saint Gabriel paraît avec un flambeau fermé dans une lanterne qu'il a en sa main droite, la gauche étant occupée à montrer un miroir de jaspe vert, parsemé de taches de diverses couleurs. Saint Raphaël se fait voir ayant en bouche un poisson, en la main gauche une boîte, et avec la main droite conduisant le jeune Tobie. Uriel, ou le quatrième ange, garde en sa main droite une épée nue, et sa gauche pendante, est entourée de flammes. Le cinquième est en la contenance d'un suppliant, baissant modestement les yeux. Le sixième a une couronne d'or en sa main droite, et un fouet à trois cordons noirs en l'autre. Le septième a au bout de son manteau replié quantité de roses blanches. J'ai bien voulu rapporter ces emblèmes des Anges ; peut-être cela donnera-t-il envie à quelqu'un de les faire peindre, et il est bien certain que la vue même des tableaux ou images des Anges porte à la pureté et à l'amour du ciel.

Enfin, il est assuré qu'il y a sept princes auprès du Dieu de toute grandeur, puisque l'Écriture nous l'enseigne, et qu'ils ont une puissance spéciale d'assister les hommes, puisque dans le commencement de l'Apocalypse, la grâce et la paix sont données au nom de ces sublimes Intelligences.

Il ne reste plus qu'à les bien honorer et à implorer leurs secours dans les voies du salut. L'amour-propre est le plus grand ennemi que nous ayons : il a été révélé que saint Michel est député de Dieu pour le détruire, aussi bien que saint Gabriel pour établir l'amour de Dieu. Voilà les deux grandes choses nécessaires pour le salut, la haine de nous-mêmes et l'amour de Dieu. Pour cela, il faut être quitte de tout péché et avoir les vertus. Il faut avoir recours à ces sept princes du paradis, afin qu'ils nous obtiennent la grâce d'éviter les sept péchés capitaux, et nous obtiennent les sept dons du Saint-Esprit. Ceux qui font voyage doivent recourir souvent à saint Raphaël ; et dans l'ordre de la Providence, il paraît que Dieu veut se servir de cet Ange pour assister les pèlerins et les voyageurs.

CINQUIÈME PRATIQUE

CONVERSER INTÉRIEUREMENT AVEC LES SAINTS ANGES.

La vie du Chrétien est une vie spirituelle : si nous vivons donc de l'esprit, pourquoi ne marchons-nous pas et n'agissons-nous pas en esprit ? Nous sommes élevés à un état surnaturel, et, dans un état si divin, faut-il mener une vie toute sensuelle ? Malheur à nous, qui sommes tous plongés dans la chair et le sang, qui sommes comme des idoles des païens, qui ont des yeux et ne voient point, des oreilles et n'entendent pas. Nous agissons comme des gens sans foi ; cet œil spirituel de notre âme (c'est de la sorte que saint Augustin parle de la foi) demeure en nous inutile et presque sans effet. Quand nous vivrions au milieu des ténèbres du paganisme, nous ne serions pas plus attachés aux sens et dans un plus grand oubli du monde intérieur. Ah ! que de saintes beautés se découvrent dans ce monde spirituel, que de grandeurs, que de raretés, que de gloire ! Mais il faut avouer que les saints Anges en font une belle partie, et que si notre conversation, selon le témoignage de l'Apôtre, doit être céleste, nous sommes obligés de converser souvent avec ces aimables esprits du ciel.

C'était bien le sentiment du grand dévot des Anges, saint Bernard, lorsqu'exhortant ses frères à la dévotion de ces esprits angéliques, il leur dit : Rendez-vous, mes chers frères, la conversation des Anges familière, et pensez à eux souvent ; et de vrai, à quoi pensons-nous, quand nous ne pensons pas à ses éclatantes beautés du paradis ? Ô mon Dieu ! les créatures d'ici-bas aiment tant ce qui est beau, et prennent tant de plaisir à s'y arrêter ; elles ont tant de peine à s'en détacher : l'on converse si volontiers avec les personnes aimables de la terre, et voici que le monde est plein d'Anges du paradis, puisque chaque homme a le sien, sans parler de tant d'autres que Dieu y envoie ; et ces Anges sont parfaitement beaux, doués d'une puissance admirable ; ils ont pour les hommes des douceurs toutes charmantes ; ils possèdent toutes les qualités imaginables qui peuvent donner saintement de l'amour ; au reste, ce sont les rois et les princes de l'Empyrée ; et cependant, hélas ! presque personne n'y pense, et il est bien rare de trouver des hommes qui conversent souvent avec les Anges. Est-ce, dit encore le Saint que je viens de citer, que nous doutons de leur présence, parce que nous ne les voyons pas ? Mais devons-nous juger de la présence des choses par les yeux seulement de nos corps ? Est-ce que les hommes n'ont point des âmes, parce qu'on ne voit pas les âmes ? Est-ce que Dieu n'est point partout, parce que nos sens ne l'y aperçoivent pas ? C'est que nous n'avons pas de foi, me direz-vous, et il est vrai. Disons encore que c'est que nous sommes trop attachés aux choses de la terre, et pleurons ensuite amèrement de notre peu de foi et de nos attaches. Les saints solitaires conversaient familièrement avec les Anges ; c'est qu'ils menaient une vie angélique ; et, misérables que nous sommes, à peine y pouvons-nous penser un quart d'heure ; c'est que notre vie est toute terrestre.

Cette pratique tend à apporter quelque remède à ce malheur. Une personne étant à une fenêtre qui donnait sur une rue où passait bien du monde, fut frappée d'un rayon de lumière qui lui toucha sensiblement le cœur : elle vit, dans ce rayon de grâce, que les hommes étaient dans un oubli incroyable du monde de la grâce ; et, étant ainsi pénétrée, elle s'appliquait à entendre ce que disaient toutes les personnes qui passaient par cette rue ; et elle n'entendit pas un seul mot de Dieu et des choses de Dieu. Chacun ne parlait que de la terre, que de beau temps, de mangeaille, d'habits, de chevaux et de choses semblables. Ô que d'Anges, disait-elle, qui passent ici, et qui accompagnent ces pauvres gens ! Est-il possible que pas un de tous ces gens ne pense à ces princes du paradis ? Cette vue la toucha beaucoup, et ensuite elle s'en alla en une foire, qui se tenait en ce pays, dans le dessein d'y aller rendre ses civilités aux Anges de tant de personnes qui y venaient en foule de tous côtés. Elle soupirait bien de remarquer, dans une assemblée aussi nombreuse, si peu d'attention au grand nombre d'Anges qui y étaient. Elle allait de place en place pour les saluer, pour les entretenir. Ô que voilà bien, s'écriait-elle, d'autres spectacles à regarder que toutes les raretés et marchandises de la foire !

Cette pratique est bien digne de nos imitations : nous sommes dans une ville, nous marchons dans des rues pleines de monde ; hé ! que ne regardons-nous intérieurement les Anges qui tiennent compagnie à ce monde ? Que n'allons-nous quelquefois tous à dessein pour aller les y entretenir ? Vous entrez dans une église, dans quelque assemblée nombreuse : mon Dieu, que ne vous élevez-vous au-dessus de vos sens pour y voir tous les saints Anges ? Vous faites voyage avec quelques personnes, vous leur parlez, vous les entretenez : pourquoi ne faites-vous pas de même avec les Anges qui les gardent ?

J'ai appris d'une personne qui était fort dans ces pratiques, qu'elle prenait plaisir à compter le nombre des personnes avec qui elle se rencontrait, pour avoir lieu de savoir le nombre des Anges qui sans doute étaient présents ; et, dans la suite des temps, Dieu tout bon, voulant favoriser sa dévotion, les rendait quelquefois aussi sensibles comme si elle les eût vus de ses yeux corporels ; elle me disait que quelquefois, en dînant même, et à la table, tout à coup les Anges se faisaient connaître à elle d'une manière qu'elle ne pouvait expliquer, mais plus évidente que si les sens y avaient eu part. Vous allez par le chemin ; tous les villages ont autant d'Anges qu'il y a de personnes qui y demeurent. Hélas ! voilà bien des grands du ciel en tous ces lieux : ces pauvres gens de la campagne, à peine le savent-ils, bien loin d'y penser avec dévotion ; que ne faites-vous donc votre cour à tous ces rois du beau paradis ? Sachez que d'autant plus qu'ils sont délaissés, d'autant plus regarderont-ils de bon œil vos respects. Il y a bien des Anges, dans ces villages, à qui jamais l'on ne pensera ; si vous les honorez, ils seront bien obligés de vous en reconnaître ; et puis ces Esprits bienheureux ne savent ce que c'est qu'ingratitude, et ils sont les nonpareils en reconnaissance. Vous seriez bien aise d'avoir l'honneur de la reconnaissance de quelque prince du sang royal, ou de quelques grands rois de la terre ; à quoi tient-il que vous ne fassiez belles habitudes avec mille et mille rois de la cour céleste ? Vous dites quelquefois que vous voudriez bien, dans vos voyages, avoir le divertissement de quelque honnête compagnie : en vérité, pouvons-nous en avoir un plus doux, un plus agréable que celui de la conversation que vous pouvez avoir avec ces aimables Intelligences ? Vous allez à la campagne, que ne prenez-vous de certains temps pour y entretenir en esprit les Anges qui y sont ? Que ne vous retirez-vous quelquefois en votre jardin, que ne faites-vous quelque promenade seul pour jouir de cette grâce ?

Mais que dites-vous de la présence de votre saint Ange Gardien ? Est-ce qu'il pensera continuellement à vous, et que vous ne penserez presque jamais à lui ? Croyez-vous qu'une petite prière le soir et le matin soit une reconnaissance digne de ses faveurs ? Je veux que vous me répondiez sérieusement à ce que je vous demande : En bonne vérité, si l'un des princes de la terre venait vous rendre visite, le laisseriez-vous depuis le matin jusqu'au soir tout seul, et croiriez-vous bien vous acquitter de vos devoirs, de lui faire la révérence une ou deux fois le jour ? Particulièrement, si durant tout le jour il vous suivait partout, et vous obligeait en toutes les manières possibles ; et que d'autre part vous fussiez quelque pauvre malheureux, tout gâté et puant de sales maladies, et le rebut des hommes, et condamné au gibet pour vos crimes ; si sans cesse vous tourniez le dos à cet obligeant prince, dans quel étonnement mettriez-vous tous ceux qui seraient instruits d'une incivilité et d'un mépris si extraordinaires ? Je vous demande de plus, votre imagination ne vous donne-t-elle pas de l'indignation d'un tel procédé ? Répondez-moi, en seriez-vous capable ? Hélas nenni ! l'on n'a point ces duretés pour la terre, il n'y a que pour le ciel : cependant c'est ce que vous faites à l'égard du grand prince du ciel qui vous garde. Ô Anges du paradis, pouvez-vous bien souffrir des rebuts si étranges ? Il est donc bien juste de les entretenir : c'est une chose insupportable que de les laisser sans dire mot.

Prenez donc quelquefois un quart d'heure, une demi-heure, une heure, ou plus, et après vous être retiré, prenez votre temps pour causer avec votre bon Ange : mettez-vous à genoux devant lui ; prosternez-vous par terre ; et il est bon de temps en temps d'user de cette pratique, lorsqu'on est seul ; demandez-lui pardon de vos ingratitudes ; demandez-lui sa sainte bénédiction ; dites-lui tout ce qu'un bon cœur peut dire à un fidèle et charitable ami. Tantôt, parlez-lui de vos besoins, de vos misères, de vos tentations, de vos faiblesses. Tantôt, parlez-lui du divin amour, et des saintes voies qui conduisent à Dieu.

Quelquefois, entretenez-le des offenses que les hommes commettent contre leur Souverain, et des divins intérêts de l'adorable Jésus et de sa très digne Mère ; et d'autres fois considérez à loisir les obligations que vous lui avez, les bontés qu'il a pour vous, ses beautés, ses perfections, ses admirables qualités. Agissez avec lui comme avec un bon père, une mère pleine de tendresse, un véritable frère, un ami incomparable, un amant zélé, un vigilant pasteur, un charitable guide, un témoin de vos plus importants secrets, un savant médecin pour guérir toutes vos plaies, un avocat et un puissant protecteur, un juge favorable, un roi tout occupé à vous faire du bien. Invoquez-le selon toutes ces qualités, et les autres que votre amour suggérera. Elles peuvent vous servir d'autant de considérations qui vous feront passer le temps bien plus agréablement qu'avec les créatures de la terre. Nous disons qu'il nous ennuie quelquefois, que l'on ne saurait à qui parler et que faire : voilà bien de quoi nous occuper, voilà bien avec qui converser. L'on demandait à une religieuse, qui était sans parents, sans amis et sans connaissance de personnes qui lui rendissent visite, si elle n'avait point quelque peine quand elle voyait les autres religieuses visitées. Hélas nenni ! répondit-elle, car j'ai une personne fort aimable avec qui je m'entretiens ; et quand j'apprends que l'on demande une religieuse au parloir, aussitôt je pars pour lui rendre visite. Et comme l'on ne savait ce qu'elle voulait dire, elle mena à une image du saint Ange qui était dans le monastère : Voilà, dit-elle, mon père, ma mère, toute ma parenté et toutes mes connaissances. C'est là où je viens parler pendant que mes sœurs parlent à la grille, et je sors pour le moins aussi contente qu'elles de mes entretiens.

Il faut encore aller se promener en esprit dans les terres des infidèles, dans les pays hérétiques, pour converser avec tous les Anges de ces personnes : hélas ! ils sont bien abandonnés ; pour regretter avec eux l'aveuglement et l'infidélité de ces gens, pour leur parler du royaume de Dieu, pour les prier de travailler à son établissement dans tous ces royaumes. L'on peut de la sorte parcourir toute la terre, honorant un jour tous les Anges d'un royaume, et en un autre les Anges d'un autre pays. Tantôt ceux du Canada, tantôt ceux de la Chine, quelquefois ceux du Japon, d'autres fois ceux des Indes. Il ne faut pas aussi oublier les Anges des royaumes chrétiens, et puis ensuite, c'est une chose bien douce d'aller en esprit à la Jérusalem céleste, s'entretenant quelquefois une heure avec les Séraphins, une autre avec les Chérubins, et ainsi allant de Chœur en Chœur par toutes les hiérarchies célestes. Ce que nous en avons dit peut fournir de sujet d'entretien.

Enfin, c'est un exercice bien louable que de s'accoutumer à saluer les saints Anges des personnes que nous rencontrons. Si en faisant chemin nous trouvons un grand seigneur, on le salue, ou quelque personne qui nous soit amie ; si nous rencontrons cent fois ces personnes, nous ne manquons pas autant de fois à leur rendre nos civilités : faut-il qu'à l'égard des princes du ciel, et nos plus véritables amis, nous soyons seulement insensibles ? La chose est aisée ; vous n'en ferez pas plus de révérences, il ne faut que prendre une bonne fois l'intention et faire un pacte sacré, que vous renouvellerez une fois au moins toutes les semaines, qu'autant de fois que vous saluerez quelqu'un, vous entendrez saluer son saint Ange. Quand vous vous en souviendrez, en même temps que vous rendrez le salut à qui que ce soit, tout bas en vous-même, dites à son saint Ange que vous le saluez. Pour ce sujet, accoutumez-vous à voir par les yeux de l'esprit les Anges de ceux que vos yeux corporels vous feront voir : peu à peu le souvenir des saints Anges vous sera très facile, et vous en recevrez toutes sortes de bénédictions. En entrant dans une église, dans un lieu où il y a bien du monde, ne manquez pas d'y saluer tous les Anges ; et même quand vous serez avec des personnes qui vous sont familières, il sera bon de dire les unes aux autres, tout haut : Je salue votre saint Ange. J'ai vu par ce moyen cette pratique saintement établie ; en sorte que dans les compagnies, en y entrant ou sortant, l'on disait hautement tous les uns aux autres : Je salue votre saint Ange. Il y en a qui ne manquent jamais, quand ils écrivent à quelqu'un, de mettre au bas de leur lettre qu'ils saluent le saint Ange de la personne à qui ils écrivent ; et même quelquefois on le prie réciproquement de la part des uns et des autres, de faire ses civilités aux Anges des lieux où l'on demeure. Mon Dieu, n'est-ce pas ce que nous faisons tous les jours à l'égard des chétives créatures, nos semblables ? Pourquoi ne rendons-nous pas au moins ce respect à ces favoris de Jésus et de Marie ?

L'on dira que ce sont des dévotions extraordinaires ; je l'avoue ; mais aussi il faut avouer qu'elles devraient être très ordinaires. C'est une chose extraordinaire que de voir un véritable Saint, une véritable Sainte ; c'est une chose extraordinaire que de voir des familles, quoique chrétiennes, des bourgades et villes du christianisme même, où l'amour de Dieu règne, et dont le péché soit banni. Hélas ! tout le monde est dans la malignité ; pour cela faut-il crier, si l'on exhorte à cet extraordinaire ? Faut-il trouver à redire si l'on prêche la sainteté, l'amour de Dieu et la destruction du péché ? Il est vrai que la dévotion aux saints Anges est rare, que la conversation intérieure avec ces esprits célestes est extraordinaire ; mais c'est ce qu'il faut regretter avec larmes. Partout, dans les lettres des Turcs, le nom de Mahomet y paraît ; et les Chrétiens, qui font profession d'une piété singulière, invectiveront contre une lettre où le nom de Dieu se fera remarquer, où l'on tâchera d'y rendre ses respects aux saints Anges ! On a vu, à la fin du siècle dernier, le célèbre saint homme le père de Royas, confesseur en la cour d'Espagne de la Reine Marguerite, non-seulement saluer hautement toutes les personnes de cette cour par ces paroles, *Ave, Maria* ; mais même il en établit si fortement la pratique, que la reine saluait ordinairement le roi par ces mêmes paroles ; et Dieu voulut récompenser la dévotion de cette grande reine, et autoriser cette pratique de piété par un signalé miracle, qui se lit en la personne de cette princesse, au salut que lui donna son confesseur par ces saintes paroles. Cet homme de Dieu les mettait au commencement de toutes ses lettres, et sans doute qu'il ne manqua pas de contradictions, car vous verrez des gens qui désapprouvent tout ce qu'ils ne font pas ; mais Dieu après sa mort a bien fait voir, par les miracles dont il l'a honoré, que souvent le ciel donne son approbation à ce que les hommes de la terre condamnent.

SIXIÈME PRATIQUE

FAIRE DES NEUVAINES EN L'HONNEUR DES NEUF CHŒURS DES ANGES.

Les catholiques enseignent qu'il ne faut pas s'arrêter superstitieusement aux nombres, et c'est la doctrine de la sainte Église ; mais l'on peut dire, sans superstition, qu'il y a de certains nombres mystérieux et consacrés par la piété des fidèles, comme celui de quarante, que les saints Pères remarquent avoir été sanctifié en la personne de Notre-Seigneur, et en celle des anciens prophètes ; celui de trois qui, étant multiplié par trois, compose le nombre neuvième, qui nous représente la très-sainte Trinité : c'est pourquoi dans le ciel il y a trois hiérarchies d'Anges, et chaque hiérarchie est composée de trois Chœurs ; et c'est parmi ces neuf Chœurs que les élus seront placés. L'usage des fidèles a rendu ensuite dans ces vues la dévotion des neuvaines célèbre, et la séraphique sainte Thérèse nous apprend qu'elle pratiquait cette dévotion, qu'elle faisait quantité de neuvaines en ses besoins.

C'est donc une louable pratique de faire des neuvaines, et spécialement en l'honneur des neuf Chœurs des Anges, y ayant des motifs tout particuliers qui nous y doivent exciter. Je suis témoin des grâces extraordinaires qui ont été accordées par cette dévotion. J'ai vu des choses merveilleuses arriver pendant que l'on honorait tous les saints Anges par cet exercice, et la puissance des démons ruinée en des choses d'importance ; et c'est un moyen très efficace pour obtenir les secours du ciel dans les calamités publiques et dans les besoins particuliers.

Nous avons assez dit que les saints Anges nous assistent dans tous nos besoins, soit corporels, soit spirituels, et nous en dirons encore quelque chose dans la suite de ce traité ; et parmi ces troupes célestes, les Archanges et les Principautés doivent être particulièrement invoqués pour le bien des royaumes et des provinces, et pour ceux qui les gouvernent : les Anges qui prennent le soin plus immédiat des cieux, des éléments et des saisons, dans le temps des guerres, des pestes et des famines, et autres malheurs publics : les Puissances, contre les sorciers, magiciens et leurs maléfices ; contre les diables, leur rage et leur malice : les Vertus, pour obtenir de Dieu tout bon les secours extraordinaires en nos nécessités, puisque c'est de ces esprits bienheureux que Dieu se sert souvent pour opérer ses merveilles et ses miracles, selon le témoignage de saint Grégoire, comme il a été remarqué ci-dessus. On peut voir ce que nous avons dit touchant les neuf Chœurs des Anges, aux trois premiers chapitres de ce second traité, et lire, la veille de chaque jour de la neuvaine, ce qui y est rapporté du Chœur que l'on doit honorer le lendemain.

Pour en dire ici en peu de mots quelque chose, le premier jour de la neuvaine on honorera les Anges du dernier Chœur ; on peut leur demander la foi, qui est le commencement et le fondement de la vie spirituelle. Le second, les Archanges ; l'on demandera le zèle de l'intérêt de celui que la foi nous fait connaître, et on souhaitera la même connaissance par la foi à tous les fidèles et hérétiques. Le troisième, les Principautés ; on priera pour la conservation et augmentation de la foi dans les pays catholiques ; et comme la foi doit être accompagnée de la bonne vie, on offrira ses vœux pour l'anéantissement du péché, et pour la réformation de l'intérieur. Le quatrième, les Puissances ; on invoquera leur secours contre la force des démons qui nous combattent dans les voies de la foi, et dans les desseins que nous prenons de la mortification chrétienne. Le cinquième, les Vertus ; on en implorera l'assistance pour surmonter les difficultés que la chair et le monde nous livrent dans le chemin de la vie spirituelle, et pour obtenir une sainte générosité dans la pratique des vertus chrétiennes. Le sixième, les Dominations, afin que nous connaissions les ordres de Dieu, ce qu'il demande de nous, et afin que sa divine volonté nous soit manifestée.

Le septième, les Trônes, afin qu'ils nous obtiennent un parfait assujettissement et un entier abandon à la divine volonté, en quoi consiste cette paix qui surpasse tout sentiment. Le huitième, les Chérubins, pour l'établissement de la lumière de Jésus-Christ en nous, et l'éloignement de toutes les maximes du monde qui lui sont opposées. Le neuvième, les Séraphins, pour le règne et le triomphe du pur amour dans nos cœurs.

L'on peut pratiquer la même dévotion dans les calamités publiques, qui nous arrivent et continuent parce que nous n'en regardons pas assez la cause. L'on s'en prend aux uns et aux autres, et il faut s'en prendre à soi-même et à ses péchés. Dieu ne nous frappe que pour être regardé, et l'on n'arrêta les yeux que sur les créatures. On demande sa paix, et on lui fait toujours la guerre ; nos vies ne changent pas, et nos péchés s'augmentent. Ô que le secours des saints Anges nous est nécessaire ! et qu'il est bon de leur faire des neuvaines, les priant d'apaiser la juste colère de Dieu, et de travailler à la destruction du péché, son cruel ennemi, et à ruiner les desseins des puissances de l'enfer !

Cette dévotion des neuvaines est encore très avantageuse pour se bien préparer à la célébration des fêtes de Notre-Seigneur et de sa très sacrée Mère, s'entretenant tous les jours avec les Anges du chœur que l'on honorera, leur témoignant les désirs que l'on a de bien aimer notre bon Maître et notre bonne maîtresse, les priant de suppléer à notre peu d'amour, et de les remercier pour nous, de les louer, de les bénir, de nous en obtenir la solide dévotion, et l'augmentation de plus en plus.

Or, pour bien faire ces neuvaines, chacun peut suivre l'attrait de la grâce, et le conseil de quelque bon serviteur de Dieu. Cependant, pour en donner quelques moyens, ceux qui en auront la commodité, pourront faire célébrer neuf messes en l'honneur des neuf Chœurs des Anges, faire brûler neuf cierges, donner neuf aumônes ; au moins l'on entendra neuf messes, l'on fera neuf actes de mortification, soit extérieure, soit intérieure ; neuf génuflexions tous les jours ; l'on récitera neuf fois la Salutation angélique, si l'on n'a pas le loisir de dire neuf *Pater* ; exercice de piété que le ciel a révélé même à sainte Mectilde : l'on visitera neuf fois quelque chapelle ou autel dédié à Dieu à l'honneur des saints Anges, ou l'autel où repose le très-saint Sacrement, qui y est accompagné de ces princes de sa cour. Outre cela, on communiera, selon l'avis de son directeur ; l'on se mettra à genoux trois fois le jour, le matin, vers le midi et le soir, où l'on se prosternera devant les Anges du Chœur que l'on honore particulièrement ce jour ; on s'adressera à eux le long de la journée, par quantité d'oraisons jaculatoires ; l'on tâchera de s'entretenir quelque temps avec ces Esprits d'amour. Si l'on s'unit plusieurs ensemble, il y aura encore plus de bénédiction ; pour lors l'on pourra chacun choisir son jour pour visiter quelque église, quelques pauvres, et si on le peut, pour jeûner, afin que pendant la neuvaine il y ait un jeûne continuel.

SEPTIÈME PRATIQUE

PRENDRE DE CERTAINS JOURS TOUS LES MOIS ET TOUTES LES SEMAINES, POUR HONORER PLUS SPÉCIALEMENT LES SAINTS ANGES, ET CÉLÉBRER LES FÊTES AVEC TOUS LES RESPECTS POSSIBLES.

Je sais une sainte communauté de religieuses carmélites, où tous les mois l'on prend l'un des neuf Chœurs des saints Anges pour l'honorer ; et comme il en reste trois, y en ayant douze en l'année, l'on applique ces trois mois qui restent à quelqu'un des Chœurs qui touche le plus, comme par exemple, à celui des Séraphins. Mon cher lecteur, il ne tiendra qu'à vous de faire la même chose, et elle est bien facile.

Si vous voulez, vous pourrez choisir les neuf premiers jours de chaque mois, pour rendre vos respects à ces esprits angéliques ; et ensuite quelques jours pour invoquer les Anges à qui vous avez plus d'obligation ; ou bien, si vous étiez d'assez bonne volonté, le dimanche vous seriez appliqué aux Séraphins, Chérubins et Trônes ; le lundi aux Dominations, Vertus et Puissances ; le mardi aux Principautés, Archanges et Anges ; le mercredi, aux Anges des infidèles et hérétiques ; le jeudi, aux Anges des royaumes et provinces, des églises et autels, et spécialement de ceux qui tiennent compagnie à notre divin Roi, au très-saint Sacrement ; le vendredi, aux Anges de vos ennemis, ou des personnes qui vous font quelque peine, ou de qui vous avez sujet de craindre quelque mal ; le samedi, aux Anges de vos parents et amis, de ceux avec qui vous êtes le plus souvent ; si vous demeurez en une communauté, des personnes avec lesquelles vous y vivez, surtout de vos amis spirituels et de votre directeur. Ces Anges s'intéressent bien plus à votre bien que vous ne pensez. N'oubliez pas les Anges des villes et villages où vous faites votre séjour.

Pour celui qui vous garde, tous les jours de votre vie doivent être des jours de dévotion et de reconnaissance pour ses incroyables bontés. Il y en a qui destinent le jour de leur naissance pour en faire la fête en leur particulier. L'on y fait tout ce que l'on peut faire dans les jours des fêtes des Saints de sa plus grande dévotion, soit pour s'y préparer, soit pour en faire l'octave. Outre cela, ceux qui le peuvent donnent autant d'aumônes en son honneur que l'on a vécu d'années ; ou bien l'on fait autant d'actes de quelque vertu, ou autant de pratiques de dévotion vers cet aimable gardien.

J'ai connu une personne qui en ce temps partageait les années de sa vie eu plusieurs jours, pour considérer à loisir les miséricordes de Dieu sur elle, les malheurs dont elle avait été ou préservée, ou délivrée, tant pour le corps que pour l'âme ; les grâces qu'elle avait reçues de l'infinie bonté de l'adorable Jésus, de la protection de la très-sacrée Vierge, des Anges et des Saints. Ces considérations touchent grandement le cœur quand elles sont bien faites ; et comme notre saint Ange est le ministre dont Dieu se sert pour nous préserver de tous nos maux et pour nous accorder ses bienfaits, cela donne lieu de le remercier, et de le bénir tout à l'aise et dans le particulier, pour toutes ses charitables assistances en notre jeunesse, dans l'âge plus avancé, dans la vieillesse, si l'on y est, remarquant avec soin les choses les plus considérables qui nous sont arrivées durant le cours de la vie. Il faut tout au moins se souvenir que le mardi est un jour dédié en l'honneur des saints Anges, et ce jour doit être d'une singulière dévotion à tous ceux qui les aiment. Le vingt-neuvième de septembre est le jour de la grande fête de saint Michel et de tous les autres Anges. Le huitième de mai est la fête de son apparition sur le mont Gargan. Et en Normandie, l'on célèbre le seizième d'octobre l'apparition de ce glorieux Archange sur le Mont de Tombe, communément appelé le Mont-Saint-Michel.

Ce lieu est très célèbre par le concours d'un grand nombre de personnes qui y viennent de toutes parts, pour y rendre leurs respects à cet aimable prince du ciel ; et les grands miracles que la toute-puissance de Dieu y a opérés, sont des motifs bien puissants pour exciter de plus en plus la dévotion des fidèles à rendre ses hommages sur cette sainte montagne, à ce Dieu de toute miséricorde, et implorer les secours de ce premier prince de la cour céleste. L'on peut aller en pèlerinage en ce saint lieu, pour toutes sortes de besoins ; mais particulièrement pour être délivré des tentations et des attaques des malins esprits, pour y obtenir la pureté du corps et de l'esprit, et une force invincible dans les voies du salut. Ceux qui aiment les intérêts de Notre-Seigneur Jésus-Christ et de sa très-sainte Mère doivent s'adresser à ce glorieux Archange, qui les a si bien soutenus dès le commencement du monde : il serait seulement à désirer que les pèlerins fissent ce voyage avec plus de dévotion qu'on ne le fait pour l'ordinaire, s'entretenant de Dieu le long du chemin, élevant son cœur souvent à Notre-Seigneur et à sa très-digne Mère, implorant les assistances de saint Michel, saint Gabriel, saint Raphaël, et de tous les neuf Chœurs des Anges ; se donnant de garde de toute sorte, de péché ; et enfin, étant arrivés sur le lieu, ne manquer pas de s'y confesser et communier. Une voix du ciel a appris que ce lieu était grandement agréable à Dieu, et qu'il était fréquenté des saints Anges. En vérité, cet oracle rend bien douces toutes les peines que l'on peut avoir pour visiter cette sainte montagne, et il est plus doux que l'on ne peut dire, et même que l'on ne peut penser, de se trouver en un lieu si chéri de Dieu, et si fréquenté des princes de sa cour.

La divine Providence a même ordonné que ce ne fût pas un homme de la terre, pour saint qu'il pût être, mais un pur Esprit du ciel, et le premier de tous les bienheureux Esprits qui fit la consécration de l'église ; car saint Aubert, évêque d'Avranches, s'étant mis en devoir de la consacrer, saint Michel l'en empêche, après lui avoir appris qu'il l'avait lui-même consacrée. C'est ce saint évêque à qui l'Archange se fit voir, il y a plus de neuf cents ans, lui apparaissant par trois diverses fois, pour lui marquer que le Mont de Tombe était sous sa protection, et celle de tous les autres Anges, et que Dieu voulait qu'on bâtît une église en leur honneur : à la troisième fois, le saint Archange toucha la tête du bon évêque, et y laissa une marque qui s'y voit encore aujourd'hui. C'est une chose admirable, qu'un rocher empêchant qu'on ne pût bâtir facilement la chapelle de l'église, l'Archange voulut que l'on apportât un enfant qui était encore au berceau, qui ayant touché de son pied ledit rocher, en même temps il tomba et laissa la place qui était nécessaire pour la susdite chapelle. Ô que bienheureux sont les chastes et innocents, les purs et nets de cœur, puisqu'ils sont si chéris de Dieu et de ses Anges !

Saint Michel, ne se contentant pas de toutes ces merveilles, et voulant de plus en plus donner des marques visibles de sa faveur pour la sainte montagne de Tombe, commanda à saint Aubert d'envoyer au mont Gargan demander de sa part une partie du drap vermeil qu'il y avait apporté, et une partie du marbre sur lequel il s'était assis, y paraissant en forme humaine ; ce qui ayant été accordé aux députés du bon évêque, douze aveugles en différents lieux reçurent la vue par l'attouchement de ces choses saintes, et proche du mont de Tombe, la vue fut donnée à une femme aveugle, dont tout le peuple fut tellement touché qu'en mémoire d'un si grand miracle, le village qui s'appelait Asteriat, fut nommé Beauvoir ; et c'est de la sorte qu'on l'appelle encore aujourd'hui. J'ai eu l'honneur et la bénédiction de voir cette année 1667, le jour de la fête de l'Apparition du glorieux saint Michel en ce lieu sacré, ces précieux gages de l'amour incomparable de ce grand prince du paradis envers les hommes, comme aussi l'écu et l'épée que l'on y garde dans le trésor, qui sont de nouvelles preuves de ses incroyables bontés, et cet écu est garni de petites croix et de matière d'airain aussi bien que l'épée : ce sont encore des présents de l'Archange, qu'il ordonna d'y être apportés de la Grande-Bretagne, en suite d'une merveille qui y fut faite par sa force invincible.

L'histoire rapporte qu'il y avait un dragon d'une grandeur effroyable, qui, empoisonnant les eaux de son venin, infectant l'air de son haleine, et faisant mourir tous ceux qu'il rencontrait, avait rendu le pays où il était inhabitable. Ce mal obligea l'évêque du lieu d'avoir recours à Dieu ; et après avoir ordonné un jeûne de trois jours et fait quantité d'aumônes, tous les habitants prirent les armes, étant accompagnés du clergé qui marchait processionnellement, implorant le secours du ciel pour donner force au peuple de mettre à mort le dragon ; mais ils furent bien étonnés lorsque, étant arrivés près du lieu où il se retirait, ils le trouvèrent mort, ayant auprès de lui l'écu et l'épée dont il a été parlé ; et comme ils ne pouvaient s'imaginer qui était la personne qui avait pu tuer ce monstre avec des armes si faibles, saint Michel parut à l'évêque et lui dit que c'était lui qui avait fait mourir le dragon ; et quoiqu'il n'eût pas besoin de ces faibles armes pour cet effet, cependant il s'en était voulu servir pour laisser des marques visibles de ce secours ; ensuite il commanda que ces armes fussent apportées en l'église du mont de Tombe, où elles sont encore gardées à présent avec une singulière vénération.

Comme il a plu à Dieu, depuis environ trois ans ; de manifester en nos jours tout de nouveau le grand saint Gaud, évêque d'Évreux, par l'invention de son saint corps, à cinq lieues proche du Mont-Saint-Michel, j'ai cru que Notre-Seigneur serait glorifié si, parlant des miracles qu'il a opérés en faveur des Anges sur le mont de Tombe, je disais un mot de ceux qu'il fait à présent près de ce saint mont, en l'honneur d'un homme tout angélique. Cet homme tout de Dieu, ne tenant plus rien de la terre, et ne respirant plus que le paradis, quitta volontairement le gouvernement de l'évêché d'Évreux et la conversation des hommes pour ne plus converser qu'avec les Anges dans le désert. Après avoir donc laissé son cher peuple, qui l'avait conduit à deux lieues de la ville d'Évreux, où l'on a édifié, en mémoire de ce dernier adieu, une dévote chapelle en l'honneur de la très-sacrée Vierge, Dame spéciale et patronne de ce diocèse, et en l'honneur de saint Michel, chapelle appelée vulgairement Notre-Dame du Gaud ; cet éminent prélat se retira dans une solitude près Granville, sur le bord de la mer, et à cinq lieues, comme nous avons dit, du Mont-Saint-Michel, où ayant fini ses jours, et ses précieuses reliques y étant demeurées, Dieu, qui prend plaisir à manifester ceux qui se cachent pour l'amour de lui, ne s'est pas contenté de les glorifier dans le temps de sa précieuse mort, mais encore cinq cents ans après il en découvrit la gloire par la première découverte de son corps, qui fut pour lors trouvé tout entier, et laissé dans le sépulcre où il avait été enterré. Grand nombre de miracles se firent pour lors, et ce lieu fut un asile pour toutes les personnes affligées. Mais, dans la suite des siècles, environ encore cinq cents ans et plus après cette première invention, la divine Providence a voulu encore révéler les grandeurs de son saint par la seconde invention qui en a été faite il y a un peu plus de trois ans, et qui a été suivie de plusieurs miracles ; ce qui rend à présent ce lieu très illustre et très favorable à ceux qui viennent implorer les intercessions de saint Gaud. Je serais très ingrat si je ne publiais les secours que j'ai reçus de ce grand Saint dans une extrême maladie où les médecins avaient jugé ma mort comme assurée : que Dieu soit à jamais béni pour ses grandes miséricordes, qu'il ne cesse de faire aux hommes par le mérite de sa très-digne Mère, de ses Anges et de ses Saints. On voit proche le tombeau de saint Gaud celui de saint Paterne, évêque d'Avranches, et de saint Scubilion, abbé, qui avaient été ses compagnons dans sa retraite. Saint Sénateur y est aussi enterré, et plusieurs autres saints personnages. L'on voit encore quelques restes des ermitages de ces divins solitaires.

On fait la fête de saint Gabriel le dix-huit mars, et en quelques lieux le vingt-quatrième du même mois, veille de la fête de la sacrée Mère de Dieu. On célèbre celle de saint Raphaël le vingtième de novembre, et en quelques endroits l'un des dimanches qui arrivent entre Pâques et la Pentecôte. Celle des Anges Gardiens se solennise le premier jour d'octobre non occupé par une fête de neuf leçons, et elle est encore célébrée le premier jour de mars. Tous ces jours doivent être des jours solennels pour les dévots des saints Anges. Il faut y communier, y entendre la messe en leur honneur, y pratiquer quelque mortification, quelque œuvre de charité ; mais, outre cela, au moins à l'une ou plusieurs de ces fêtes, l'on doit s'y préparer avec grand soin. Saint François jeûnait quarante jours pour se disposer à la fête de saint Michel ; et ce fut durant cette quarantaine qu'un Séraphin lui imprima les sacrés stigmates. Sainte Élisabeth faisait la même chose, mais elle jeûnait au pain et à l'eau. J'ai déjà parlé de sainte Mectilde, qui avait demandé à Notre-Seigneur ce qu'elle pourrait faire pour honorer les Anges, il lui répondit : Ma fille, vous direz neuf fois le *Pater* en l'honneur de leurs neuf Chœurs. Elle en ajouta encore neuf en l'honneur de son bon Ange, afin qu'il présentât sa dévotion à ces glorieux Esprits. L'on pourrait se préparer par une neuvaine, y faisant les choses que nous avons marquées au chapitre précédent. De plus, il ne faut pas oublier à en faire l'octave, s'acquittant tous les jours de quelques devoirs de piété envers ces princes du ciel.

L'on aura soin de réciter l'office et les litanies de ces saints Esprits, au moins en de certains jours et temps de l'année. Il y a un chapelet en l'honneur du saint Ange Gardien. Sur la croix l'on dit le *Credo* ou le *Te Deum*, ensuite l'Oraison dominicale, la Salutation Angélique ; et puis, sur les gros grains, ou le *Gloria Patri*, ou l'*Ave, Maria* ; et sur tous les petits grains l'*Angele Dei* ; ou, pour ceux qui ne le savent pas, cette courte prière : *Mon bon ange, je vous aime et vous veux aimer.* Si on le veut dire en l'honneur de tous les neuf Chœurs, l'on se servira de ces autres paroles : *Saints Anges, je vous aime et vous veux aimer*. L'usage des oraisons jaculatoires est d'une merveilleuse utilité. Si l'on aime les Esprits célestes, souvent on leur parlera, on répandra son cœur en leur présence ; il n'y a rien de plus aisé, à un cœur qui aime, que de leur dire sa douleur sur les ingratitudes des hommes, son étonnement sur l'oubli où ils sont de leurs perfections et de leurs bontés ; rien de plus aisé que de leur témoigner ses reconnaissances pour leurs soins, les désirs que l'on a d'en profiter ; rien de plus facile que de les appeler à notre secours en nos besoins, que de les prier d'agir auprès de Jésus et Marie pour nous les rendre favorables, pour leur dire ce que nous voudrions bien leur dire ; et hélas ! ce que nous ne pouvons pas. Nous ne savons rien au langage de la cour du paradis ; ces princes de sa cour nous sont nécessaires pour y parler pour nous. On peut dire cela durant le jour, en deux ou trois petits mots enflammés, tantôt d'une manière et tantôt d'une autre.

J'oubliais à vous dire une pratique pour faire tantôt : la fête d'un Ange et tantôt celle d'un autre ; il faut pour cela prendre le dessein, quand vous ferez la fête d'un Saint, de faire en même temps celle du saint Ange qui le gardait lorsqu'il vivait ici-bas. Cela ne multipliera pas vos pratiques ; il ne faut que prendre l'intention d'honorer le saint Ange du Saint par toutes les bonnes œuvres que vous ferez en son honneur, et cependant vous passerez l'année de la sorte à faire la fête des différents Anges. Vous obligerez les Saints de rendre ainsi vos respects à ces glorieux Esprits, à qui ils ont tant d'obligations ; vous gagnerez les bonnes grâces de tous ces Anges, et vous attirerez toutes les plus douces bénédictions du paradis.

HUITIÈME PRATIQUE

VISITER LES ÉGLISES OU ORATOIRES QUI SONT CONSACRÉS À DIEU EN L'HONNEUR DES SAINTS ANGES.

Les hérétiques, à qui toute piété est odieuse, blâment les pèlerinages que la sainte Église catholique approuve, et qui les a en telle considération que le souverain Pontife, qui en est le chef, dans le temps même qu'il accorde ses pouvoirs, se réserve souvent la dispense des vœux des pèlerinages de Rome, de Jérusalem et de Saint-Jacques en Galice. Dieu fait assez paraître combien ces dévotions lui agréent, puisqu'il y attache tant de grâces et de faveurs particulières, qu'il ne donne pas en d'autres lieux. On peut, à la vérité, et on doit recourir à sa bonté paternelle, implorer la protection de la très-sacrée Vierge, des Anges et des Saints en toutes sortes d'endroits, en toutes les églises et chapelles : mais on ne peut pas nier qu'il y ait de certains lieux que ce Dieu de miséricorde honore de miracles, ce qu'il ne fait pas autre part, approuvant par ces témoignages d'une puissance et d'une bonté extraordinaire, la dévotion des pèlerins qui y viennent en foule de tous côtés. Nous avons des Saints reconnus pour tels par l'Eglise catholique, qui ont passé la meilleure partie de leur vie dans ces sortes de dévotions ; et le grand archevêque de Milan, saint Charles Borromée, en avait une telle estime, qu'il a fait plusieurs pèlerinages, quoique longs et fâcheux, avec de très grandes peines, tout chargé qu'il était de grandes affaires qu'il avait entre les mains, et avec les contradictions des premières personnes du monde. L'église du mont Gargan, dédiée à Dieu en l'honneur de saint Michel, est l'un de ces lieux célèbres où les pèlerins abordent de toutes parts ; et Othon III, tout empereur qu'il était, y alla nu-pieds de la ville de Rome, quoiqu'elle en soit fort éloignée.

Mais comme il y a peu de personnes qui soient en état de faire de si longs voyages, l'on peut y suppléer en allant en dévotion à quelque chapelle ou autel dédié en l'honneur de ce prince de la milice céleste, ou des autres saints Anges. Depuis quelques années, il a plu à Notre-Seigneur de réveiller dans les cœurs la dévotion à ces bienheureux Esprits en la ville de Rouen, capitale de la Normandie, et il s'est servi pour cette fin de ce moyen, donnant le mouvement à quantité de personnes de piété d'aller tous les mois visiter une chapelle qui est bâtie sur une haute montagne assez proche de cette grande ville, en l'honneur de l'Archange saint Michel. Voici, selon que je l'ai appris, comme la chose est arrivée. Deux ou trois serviteurs de Dieu, allant faire leurs dévotions à une église célèbre, où la très-sainte Vierge est invoquée sous le titre de Notre-Dame de bon secours, se sentirent incités à aller faire leurs prières à la porte de la susdite chapelle de Saint-Michel, qui n'en est pas fort éloignée, et en même temps furent puissamment touchés de voir cette chapelle délaissée ; la dévotion y ayant été si grande, à ce que l'on peut apprendre par le témoignage des anciens, et par la vue même d'un chemin pavé de grandes pierres, que l'on y avait fait tout exprès avec beaucoup de dépense et de difficulté, et dont on remarque encore les restes. Cela les obligea à prendre résolution d'y venir de temps en temps, et ayant communiqué leur dessein à quelques autres personnes, elles y entrèrent facilement. Or il a plu au Dieu de toutes bontés d'y donner une telle bénédiction, que dans la suite de peu d'années, y ayant très peu que cette dévotion a commencé, il se trouve un si grand nombre de personnes au jour que l'on prend au commencement de chaque mois, que l'on est obligé de faire le sermon au dehors de la chapelle : l'on est sensiblement touché de voir tout ce monde assis avec modestie sur le sommet de cette montagne, entendre dans un profond silence les discours qui s'y font à la louange des saints Anges ; car l'on ne manque pas de s'assurer d'un prédicateur pour tous les mois, comme aussi d'y faire célébrer la sainte messe où il se fait quantité de communions. Cette dévotion ayant été inspirée ensuite d'un voyage à Notre-Dame de bon secours, l'on peut croire avec fondement que c'est une faveur de cette Souveraine des Anges, et un effet signalé de son bon secours.

J'ai vu dans une autre ville, que vers la fête de Saint-Michel, ou au commencement de mars, l'on députait pendant neuf jours des personnes pour aller rendre leurs respects aux saints Anges en l'une de leurs chapelles, et quelquefois même neuf personnes s'acquittaient tous les jours de ce devoir, sans parler de plusieurs autres qui y allaient offrir leurs vœux le matin et le soir ; l'on y faisait célébrer tous les jours le saint sacrifice de la messe, et on y faisait brûler chaque jour neuf cierges.

NEUVIÈME PRATIQUE

AVOIR UNE GRANDE CONFIANCE EN LA PROTECTION DES SAINTS ANGES, ET RECOURIR À EUX EN TOUS SES BESOINS CORPORELS OU SPIRITUELS.

Ceux qui se confient au Seigneur seront inébranlables comme le mont de Sion, celui qui a établi sa demeure en la céleste Jérusalem sera à jamais immuable en sa fermeté ; Dieu l'environne de montagnes sacrées, et le Seigneur se met lui-même à l'entour de son peuple. Or ces montagnes qui servent comme de boulevards et de forteresses imprenables à l'âme qui met toutes ses espérances au Dieu des miséricordes, ne sont autres que les saints Anges : ce sont ces saintes montagnes du Psalmiste, dont il assure que lui venait son secours. Ô que bienheureuse est l'âme qui vit sous une telle protection ! elle sera délivrée des pièges des chasseurs, les frayeurs nocturnes ne lui feront aucune peur, elle ne recevra aucun mal de ces flèches qui volent durant le jour, ni des conseils qui se prennent dans les ténèbres, non plus que du démon du midi. Pendant que mille tombent à la droite, et dix mille à la gauche, elle demeurera ferme, parce qu'elle est à la garde des Anges, elle foulera aux pieds les aspics et les basilics, elle marchera par-dessus le ventre des lions et des dragons, sans en être endommagée. Sa demeure est si sûre et si élevée que le mal n'en peut approcher ; elle volera comme les aigles au milieu des airs sans aucune crainte, et prendra son essor jusqu'au plus haut des cieux, soutenue de ces glorieuses Puissances célestes. Qu'elle aille et qu'elle revienne, les Anges partout lui serviront de corps de garde ; ce sont ces soldats dont parle le prophète Zacharie, qui environnent la puissance du Seigneur : ils la tiendront au milieu d'eux, comme autrefois ce généreux Macchabée, et la couvriront de leurs armes, faisant main-basse sur ses adversaires, lançant des traits et des foudres redoutables sur tous ses ennemis.

Pourquoi donc craindre, disait saint Bernard, ayant des amis si fidèles, si sages et si puissants ? La joie soit toujours avec vous, disait saint Raphaël Archange à Tobie, je vous conduirai et reconduirai. Il est vrai que je ne vois pas comme nous pouvons jamais être tristes, étant assistés en toutes nos voies d'un si puissant secours. Que les monstres sortent pour nous dévorer, nos fidèles Gardiens nous en tireront sans peine. Que tout l'enfer conspire contre nous, que tous les hommes s'arment pour nous détruire ; nos cœurs doivent être sans frayeur, si les Chœurs des Anges nous donnent leur protection. Quelle douceur de penser à ce grand nombre d'Anges dont nous avons parlé dans le premier traité de ce petit ouvrage, et de savoir qu'ils sont tous au service des hommes ! Quelque part donc que j'aille, et en quelque lieu que je sois, j'ai les mille millions de ces soldats célestes qui veillent à ma défense. Ô mon âme ! pourquoi te troubles-tu ? Pourquoi toutes ces inquiétudes ? Ne vois-tu pas que tout le ciel combat pour ton salut ? Tu penses quelquefois être bien seule et bien délaissée, bien dépourvue de secours humains ; mais ne songes-tu pas que tu as des armées terribles, composées d'une multitude innombrable de soldats invincibles, qui t'accompagnent et te défendent ? Pendant que nous dormons, il y a plus d'yeux ouverts pour notre garde, qu'il n'y a d'étoiles au firmament. L'on nous dit que de tous les côtés les créatures de la terre s'élèvent contre nous : il y a plus d'Anges du paradis qui nous soutiennent, qu'il n'y a d'atomes aux rayons du soleil et de gouttes d'eau dans l'Océan.

Disons donc, ô mon âme ! Nous en avons plus avec nous, que nos adversaires n'en ont avec eux. Mais, ô aveuglement des hommes ! Rien ne nous touche que ce que nous voyons par les yeux de la chair. Nous sommes tout à fait sensibles aux approches des créatures de la terre ou à leur éloignement ; quand nous en voyons un bon nombre pour nous ou contre nous, nos pauvres cœurs s'ouvrent à la joie ou se trouvent fermés par la tristesse. L'on a beau nous dire et nous parler des secours du ciel, nous n'entendons rien à ce langage : en cela semblables au serviteur d'Élisée, qui, voyant des troupes d'élite et un grand nombre de soldats aguerris de l'armée du prince de Syrie qui étaient venus pour prendre son maître, ne pouvait se rassurer, quelque chose que lui pût dire le saint prophète pour lui ôter sa crainte. Il avait beau lui dire qu'ils en avaient plus avec eux pour leur défense, ce pauvre valet ne s'arrêtait qu'à ce qu'il voyait ; les troupes invincibles du Dieu des armées ne lui donnaient aucune assurance, parce qu'il ne les voyait pas, bien au contraire de l'homme de Dieu qui agissait par la foi, et dont la confiance en cette rencontre a été si hautement louée par saint Ambroise, qu'il s'écrie lorsqu'il la considère : Ô la foi du saint prophète ! Il ne craint pas ses ennemis qu'il voit, parce qu'il sait que les Anges de Dieu sont avec lui, quoiqu'il ne les voie pas. Mais, ô la bonté de Dieu ! la sainteté d'un homme, ajoute ce Père, lui attire plus de défenseurs du ciel, que la malice des hommes ne lui suscite d'adversaires sur la terre. Qu'il serait nécessaire de nous mettre en prière dans nos ténèbres, comme ce saint homme fit au sujet du peu de foi de son serviteur, et de dire avec lui : Ô Seigneur, ouvrez les yeux, non pas pour en obtenir un miracle, et découvrir des montagnes pleines de chevaux et de chariots de feu, mais pour nous augmenter la foi et nous en faire vivre et agir en toutes choses par cette vertu.

Il faut que j'avoue ici que je ne sors pas d'étonnement, quand je considère le peu de confiance des hommes en la protection du ciel. Ô l'avarice du cœur humain, dit une fois Notre-Seigneur à sainte Thérèse ! il lui semble que la terre lui manquera. L'on ne remarque que des inquiétudes, et pour le temporel, et pour le spirituel. Quand il n'y aurait aucune Providence, l'on ne s'attacherait pas davantage aux moyens humains. Mais quelle pitié de voir des personnes spirituelles, sous prétexte de prudence, être si plongées dans les soins de ce qui les touche, et faire tant d'appui sur leur industrie ! Ô maudite prudence de la chair, je te déteste pour jamais ! Ô amoureuse prudence de mon Dieu, je m'abandonne sans réserve entre vos mains ! Que les hommes disent et fassent ce qu'ils voudront, qu'ils s'unissent tant qu'il leur plaira contre nous, je sais, mon Dieu, je sais, et je n'en puis douter, et je le sais plus certainement que je ne connais que j'écris ces lignes, que malgré tous leurs efforts et toute la rage des démons, vos divins conseils s'exécuteront. Celui que vous voulez sauver ne sera jamais perdu, s'il ne le veut lui-même ; les hommes ont beau l'abattre, lorsqu'ils pensent qu'il ne s'en relèvera jamais, c'est pour lors que vous le rendez plus glorieux. Vous l'élevez de la poussière et de la boue, de l'ordure de la terre où ses humiliations le mettent, pour le faire asseoir avec les princes de votre peuple, et lui donner un trône de gloire. Ô qui est comme vous, qui habitez dans les cieux, et qui regardez avec plaisir de votre sanctuaire les choses les plus viles du monde, ôtant les puissances de leur siège, pour y élever les abjects ? Vous faites bien voir, comme il est écrit en la Sagesse, ce que vous êtes, donnant la mort aux ennemis de votre peuple, et mettant en déroute leurs adversaires avec de simples mouches, pendant que vous rendez victorieux vos enfants et tous vos serviteurs, et que le venin le plus dangereux des dragons ne leur fait aucun mal.

Mettons donc toutes nos pensées au Seigneur et tous nos soins en sa divine providence, qui veille sur nous par ses saints Anges, avec des bontés ineffables. Levons nos mains et nos yeux vers ces saintes montagnes, en tous lieux et en toutes sortes d'occasions. Nous avons assez fait voir les puissants secours que nous en recevons, soit pour le spirituel, soit pour le temporel : j'ajouterai seulement ici quelque chose de ce qui a été dit, qu'en mille rencontres les Anges se sont rendus visibles pour porter les misérables pécheurs à la confession de leurs fautes, et au sacrement de Pénitence. Ils ont souvent administré le très-saint Sacrement de l'autel, comme à saint Onufre, à qui ils le portaient tous les huit jours dans le désert. Ils assistent au saint sacrifice de la messe en grandes troupes, comme le témoigne saint Nilus ; et il rapporte que saint Jean Chrysostome les a vus aider avec soin les prêtres, lorsqu'ils communiaient le peuple. Ils répondent quelquefois à la sainte messe, comme il se voit en la personne de saint Oswald, évêque. Ils s'unissent avec les hommes dans leurs prières, et les récitent avec eux, comme il arriva au grand saint Ouen, archevêque de Rouen, qui a été singulièrement dévot à la très-sacrée Vierge leur reine ; car ce saint homme ayant commencé un verset du Psalmiste dans l'Église de Saint-Pierre de Rome, il entendit les Anges qui l'achevèrent. Ils font voir à ceux qui combattent pour Jésus-Christ, les glorieuses couronnes qui leur sont préparées.

Quand un cœur a de la peine à se donner parfaitement à Dieu seul, il ne faut que s'adresser à eux. Saint Ignace s'en trouva bien, et ce fut le moyen dont il se servit pour gagner saint François Xavier ; ainsi c'est à ces glorieux esprits que le Japon a l'obligation de son Apôtre. Le saint ordre des Carmélites a donné à notre France des âmes admirables en sainteté : l'on en est encore obligé aux Anges ; et saint Michel, le premier de ces sublimes Intelligences, parut tout armé, et comme une personne qui viendrait du combat, à la vénérable Anne de Saint-Barthélemy, quand la résolution fut prise d'amener ces saintes filles du royaume d'Espagne en notre France, malgré toutes les oppositions que l'enfer y lit, cet Archange voulant faire connaître la victoire qu'il avait remportée sur les démons, et sur les obstacles que les hommes y formaient. Enfin, Notre-Seigneur s'étant servi des Anges en sa naissance, en sa vie, après sa mort et en son ascension, il nous apprend qu'en toutes nos actions et en toutes nos voies, nous devons recourir à eux, et implorer leur assistance.

DIXIÈME PRATIQUE

TRAVAILLER À LA CONVERSION DES ÂMES ET À LEUR SOULAGEMENT DANS LES FLAMMES DU PURGATOIRE, EN L'HONNEUR DES SAINTS ANGES.

Que pourrait-on faire de plus agréable aux Anges, que de travailler avec eux à l'établissement de la gloire de notre divin Maître ? C'est la vue de cette gloire qui occupe le nombre presque infini de ces purs Esprits à veiller avec tant d'attention sur des créatures chétives et mortelles, et qui les arrête tous, selon le témoignage de l'Apôtre, au service des hommes. Celui qui connaît Dieu ne peut trouver rien de bas, quand il s'agit de ses divins intérêts ; et s'il est difficile de comprendre la charité, la patience et les emplois des Anges à l'égard de si viles créatures comme nous, cessons de nous étonner, lorsque nous considérons que c'est la gloire de leur Souverain qui leur fait faire et souffrir des choses si surprenantes. Le moindre petit degré de la gloire de Dieu, l'ombre même de ses intérêts mérite toutes les souffrances du monde et les anéantissements de toutes les créatures. Ô mon Dieu, que ne vous connaît-on ? Mais que notre terre est bien la terre d'oubli à l'égard de ce que vous êtes et de ce que vous méritez ! L'on ne peut pas y penser sans ressentir de grands désirs d'en sortir bien vite, pour entrer dans le pays des lumières, où l'on verra, mais bien tard, qu'il fallait oublier toutes choses, ou n'y penser que pour vous.

Regardons donc avec les saints Anges l'intérêt de Dieu dans les âmes ; et dans ce regard, faisons tout pour y faire glorifier notre Souverain. Un Dieu homme ayant donné sa vie au milieu d'une infinité de tourments indicibles pour ce sujet, il faut renoncer au christianisme, ou il faut donner tout ce que l'on peut donner dans son ordre pour y établir sa gloire. L'on doit ici s'en prendre à ses yeux, et pleurer inconsolablement dans la vue de ce qui s'y passe. Quelles dépenses ne fait-on pas pour un malheureux corps qui s'en va tous les jours dans la pourriture, pour le nourrir et orner, pour l'ambition et la vanité ? Que de revenus tous les ans employés, que de sommes immenses par toute la terre, pour la terre ! Considérez en passant ce qui en reviendra dans cent ans à tous les hommes qui vivent à présent, et considérez cette vérité à loisir, et dans le recueillement. Après cela, perdons-nous dans un abîme d'étonnement, voyant le peu de part que l'intérêt de Dieu a en toutes ces dépenses. Perdons-nous dans un abîme de douleur, voyant même que les biens consacrés uniquement à l'honneur de Dieu, comme les revenus ecclésiastiques, sont employés, ou pour mieux dire, prodigués en tout autre usage. Ah ! Cieux, déchirez-vous, et soyez grandement étonnés sur l'épouvantable aveuglement et endurcissement du cœur des Chrétiens. L'on a vu imprimé, dans une relation de la Grèce qui a été distribuée dans les premiers lieux du christianisme, que mille écus de revenu suffiraient pour y entretenir toutes les missions nécessaires, et je ne sais si dans tout le Christianisme ce revenu s'est trouvé. Ô Chrétiens, il s'agit d'acquérir de nouveaux empires à Jésus-Christ et sa très-sacrée Mère ; je le répète, de nouveaux empires, (hélas ! Pour la conquête d'une seule ville, que ne fait-on pas !) en contribuant de quelque chose pour les missions étrangères dans les Indes, la Chine, le Japon, ou dans le Canada ; et vous y êtes insensibles !

Presque toutes nos campagnes sont désolées par le règne du péché et l'ignorance de nos saints mystères : quelque contribution, pour y faire des missions, serait un grand remède, et il y a bien peu de personnes qui s'en mettent en peine. Oui, pour un mouchoir, l'on trouvera des sommes considérables, pour un habit, pour le jeu, pour des chevaux, pour des meubles, pour de la vaisselle, pour entretenir des chiens : il n'y a que pour l'intérêt de mon Dieu que l'on n'a rien, et que l'on ne peut rien. Ô Chrétiens ! mais en vérité, savez-vous ce que vous faites ? Et vous, ô bénéficiers, pouvez-vous vivre ? Pouvez-vous prendre un moment de repos, voyant en vos logis tant de beaux meubles, de beaux tableaux, de belle vaisselle d'argent, voyant les autres dépenses que vous faites du patrimoine des pauvres ? Si vous preniez vingt sous à un pauvre, dix sous même pour vous en réjouir, que diriez-vous ? que dirait-on ? Si vous alliez dans les troncs des églises y prendre un écu pour vos plaisirs, si vous preniez des offrandes que l'on y fait la même somme, n'auriez-vous pas quelque trouble en votre âme ? Et vous prenez tous les ans aux pauvres et aux églises des sommes effroyables au-dessus de votre nécessaire, et vous en avez de réserve en vos coffres ; et vous gardez tous ces buffets magnifiques, ces tableaux, qui sont le prix de cet argent ; et peut-être mourrez-vous dans cet état sans en faire restitution, les laissant à vos héritiers, et pillant de la sorte les biens des églises et des pauvres après votre mort même ; et après cela vous riez, vous passez le temps sans crainte. Ô l'horreur et la désolation ! je vois bien, mon Dieu, la vérité de vos paroles, qu'il y en a bien peu de sauvés.

L'exemple des saints Anges est étrangement puissant, non-seulement pour nous faire tout faire et tout donner pour la gloire de Dieu dans les âmes, mais encore pour ne se lasser jamais, pour jamais ne se rebuter des peines que l'on y souffre. L'Apôtre nous enseigne qu'il faut instruire les âmes en toute sorte de patience et de doctrine. Ce peu de paroles renferme tout : qui dit toute sorte de patience et de doctrine, n'excepte ni peine, ni mépris, ni travail, ni aucune instruction, soit en public, soit en particulier, soit par sermons, soit par catéchisme. Hélas ! les Anges pensent toujours à nous, quoique nous ne pensions presque jamais à eux ; sans cesse ils nous recherchent, nonobstant nos rebuts et nos mépris, Après avoir offensé Dieu durant tout le cours de notre vie, ce qui est grandement les offenser, ils ne laissent pas de nous bien faire, et leur amour triomphe en toute rencontre. C'est pourquoi saint Ignace le proposait à ses enfants, pour les encourager quand leurs emplois seraient sans effet. En vérité, toutes nos ferveurs ne sont que glaces, si on les compare aux belles flammes du pur amour qui animent ces Esprits. Où trouverez-vous un directeur, un prédicateur qui, après avoir donné cent et cent avis pendant plusieurs années, et n'en ayant reçu que des affronts, continue à en donner avec la même bonté ? Et les Anges persévèrent avec une fidélité inviolable, après quarante et soixante années, après les mille millions d'inspirations qu'ils nous auront données. Ils voient bien que tant d'infidèles et hérétiques dont ils prennent soin s'en vont en enfer, et que toutes leurs peines demeureront inutiles ; cela ne les empêche pas de veiller avec amour sur eux jusqu'au dernier soupir de leur vie. Redisons encore ici : Où est le jardinier qui arrosât un arbre avec soin, s'il savait qu'il ne porterait jamais de fruit ? Mais les bontés des Anges sont incomparables. Tous les directeurs, prédicateurs, confesseurs, missionnaires, et tous ceux qui travaillent en quelque manière que ce soit pour le prochain, doivent leur être bien dévots, pour obtenir quelque part à leur charité, et à leur patience infatigable.

Comme les soins de ces esprits immortels s'étendent même au-delà des temps et après la mort, ils sont aussi bien imitables en cet amour persévérant. C'est leur faire un grand plaisir, que d'aider les âmes qui brûlent dans le feu du purgatoire après cette vie ; et ils reçoivent une consolation toute particulière de nous voir portés à leur soulagement. Secourez donc ces pauvres âmes par le saint sacrifice de la messe, par des oraisons ou prières, par des aumônes et visites des pauvres, que vous ferez à leur intention, par des jeûnes et mortifications, par des indulgences que vous leur appliquerez. Si vous avez quelque médaille bénite, examinez les indulgences qui y sont appliquées pour les trépassés ; achetez, pour ce sujet, le petit livre qui les rapporte, et faites usage souvent de ce trésor pour ces pauvres âmes. Comme il y a plusieurs indulgences accordées aux médailles, je parle des indulgences même ordinaires, et que l'on peut appliquer aux trépassés, quand on récite, les ayant sur soi, cinq fois le *Pater* et l'*Ave*, en l'honneur des cinq plaies de Notre-Seigneur ; ou trois fois le *Pater* et l'*Ave*, en l'honneur de la très-sainte Trinité, devant quelque image de Notre-Seigneur ou de Notre-Dame ; il vous sera facile, plusieurs fois par jour, de donner quelque soulagement à ces âmes si tourmentées.

Je connais des personnes qui, allant à l'église, ne manquent pas à cette pratique, qui ne se couchent pas sans s'en acquitter ; et il est aisé de le faire, puisqu'il suffit d'avoir une de ces médailles, et qu'il est facile de trouver une image de notre Sauveur ou de sa sacrée Mère, qui se rencontrent ; dans toutes les heures et bréviaires et autres livres de piété, quand il n'y en a pas dans la chambre où l'on se trouve, ce qui ne doit jamais être. J'en connais qui passent quelque temps à dire et redire plusieurs fois ces prières, pour gagner davantage pour ces âmes captives de la justice divine : car posons pour exemple qu'il y eût cent jours ou dix ans de rémission de peine à chaque fois qu'on les dirait, ce serait beaucoup d'années qu'on leur ôterait, si on les récitait dévotement pendant une demi-heure, ou une heure. J'en connais qui voulant obtenir quelque chose de Dieu, tâchent de fléchir sa miséricorde par cette miséricorde qu'ils exercent auparavant.

Hélas ! si un chien brûlait, il vous ferait pitié ; si une maison brûlait, chacun courrait à l'eau pour en éteindre le feu ; il n'y a ni nuit, ni mauvais temps qui en détournent ; tout le monde y vole avec empressement : et après tout, tant l'aveuglement des Chrétiens est prodigieux, ce qui est ordinaire en toutes les choses spirituelles, les âmes faites à l'image de Dieu brûlent impitoyablement, votre père, votre mère, votre mari, votre femme, votre meilleur ami, et l'on n'y pense pas ! Les premiers jours après la mort, parce que c'est la coutume, l'on y songe, ou durant une année, et après cela on les laisse brûler tout à loisir, ces personnes à qui vous aviez tant témoigné d'amitié. Ô qu'elles voient bien pour lors votre infidélité ; et comme c'est une haute folie que de s'arrêter à l'amitié des créatures, et qu'il fait bien bon de s'attacher à Dieu seul, qui est le véritable ami en la vie, en la mort, après la mort ! Il y a des révélations bien authentiques, qui nous apprennent qu'il y a des âmes condamnées aux feux du purgatoire, pour plusieurs centaines d'années, et quelquefois, hélas ! pour une vanité ; une dame, pour la vanité de ses habits ; et après cela vous vous en oubliez si tôt et si facilement.

Nous avons dit dans notre livre De l'admirable Mère de Dieu, combien c'est une chose avantageuse de mettre entre les mains de la très-sacrée Vierge toutes nos bonnes œuvres, pour les appliquer aux âmes qu'il lui plaira : au moins remettez-lui en sa disposition les bonnes œuvres de quelques mois ou années ; vous ne savez pas qu'il ne faut quelquefois qu'une certaine action pour délivrer une âme du purgatoire. Le père de Coret, de la Compagnie de Jésus, en son livre *De la dévotion des saints Anges Gardiens*, rapporte sur ce sujet deux histoires très remarquables. Il dit qu'une âme, souffrant dans le purgatoire, apprit de son bon Ange qu'un enfant était né, qu'il serait quelque jour prêtre, et qu'il la retirerait de ce lieu de peines, par le premier sacrifice de la messe qu'il offrirait à Dieu. Il ajoute, et nous en avons déjà parlé, que l'année 1634, en la ville de Vienne en Autriche, trois autres âmes apparurent à un Jésuite, et lui dirent que leurs bons Anges leur avaient apporté, dans les flammes du purgatoire, la nouvelle du jour de sa naissance, les assurant que quelque jour il serait leur libérateur. Sainte Thérèse a écrit qu'elle eut une révélation que l'âme de l'un de ses bienfaiteurs devait sortir du purgatoire le jour que l'on célébrerait la première messe en l'une de ses maisons ; ce qui la pressait grandement de travailler à achever cette maison, sachant que cette âme brûlerait toujours, jusqu'à ce qu'on fût en état d'y pouvoir célébrer le saint sacrifice de la messe. Je vous laisse à faire les réflexions que ces révélations peuvent vous donner, si vous avez un peu de lumière ; il y a quantité de choses à y remarquer et de grande utilité.

ONZIÈME PRATIQUE

PRATIQUER QUELQUE VERTU, OU S'ABSTENIR DE QUELQUE VICE EN L'HONNEUR DES SAINTS ANGES.

Si nous voulons aimer véritablement les Anges, il faut aimer ce qu'ils aiment, et haïr ce qu'ils haïssent. De cette manière, il nous faut donc avoir de l'amour pour la vertu, et de l'éloignement pour le péché. Ils demandent de nous, dit un saint Père, la sobriété, la chasteté, la pauvreté volontaire, de fréquents soupirs vers le ciel, et surtout la vérité et la paix. Ce jeune gentilhomme, nommé Falcon, était bien persuadé de ces maximes, lorsque ayant promis de ne mentir jamais, en l'honneur de son bon Ange, et ayant tué un homme sans qu'il n'y eût aucun témoin, il avoua franchement la malheureuse action qu'il avait faite, de peur de mentir, aimant mieux perdre la vie que de ne pas tenir sa promesse à son bon Ange. Le voilà donc condamné à mort : mais comme le bourreau voulait lever le bras pour lui trancher la tête, il en fut empêché par un Ange qui parut, et qui arrêta encore le bras de trois autres qui s'étaient mis en devoir de le faire mourir. Ce miracle obtint sa grâce, et ensuite il changea son nom de Falcon en celui d'Ange, et quitta le monde, pour avoir plus de lieu de converser avec les Anges.

L'humilité, la pureté et l'oraison sont les aimables vertus que ces Esprits célestes recherchent dans tous ceux qui font profession de les honorer. Ils ne peuvent supporter les superbes, et l'humilité est leur première vertu, dont ils font un continuel exercice parmi nous.

La pureté est absolument nécessaire pour entrer dans leur amitié ; ils sont les amis des chastes, et spécialement des vierges ; car d'autant plus, dit saint Ambroise, que les personnes sont pures, d'autant plus les Anges les chérissent : aussi appelle-t-on la virginité une vertu angélique, et ceux qui la pratiquent, les Anges de la terre ; et avec bien du fondement, puisque ce sont elles qui ont plus de ressemblance avec ces purs Esprits. Ô vierges, qui que vous soyez, souvenez-vous que vous possédez un trésor dont le prix est inestimable, et qui est préférable aux couronnes et aux empires : si l'on en connaissait la valeur, notre terre deviendrait un ciel, et il ne se trouverait personne qui n'en fût saintement passionné. Ça été la chère vertu de Jésus, Marie et Joseph, de saint Jean-Baptiste, le précurseur de Jésus, de saint Jean l'évangéliste son aimable favori : et le grand Apôtre proteste, dans la lumière qu'il en a, qu'il voudrait que tout le monde en fût dans la pratique. C'est le grand conseil de notre Maître, et ses privilèges sont inexplicables, qui dureront autant que l'éternité même. Il n'y a point de vie que l'on ne doive perdre pour sa conservation, point de peine que l'on ne doive souffrir, point de plaisirs qu'on ne doive quitter. Je ne puis m'empêcher ici de dire un mot, en passant, de l'étonnement où je suis de voir quantité de directeurs qui conseillent facilement le mariage à des personnes qui ont inclination pour cette vertu, sous prétexte de quelques difficultés qui peuvent se rencontrer. En vérité, en vérité, il faut tout faire pour la conservation d'une grâce si précieuse. Non, jamais l'adorable Jésus ne manquera à ceux qui pour lui plaire davantage passeront leur vie dans le célibat. C'est le même Dieu qui a assisté tant de vierges, et dans un âge si tendre, qui leur a fortifié le courage, qui les a soutenues contre toute la rage des démons et des hommes. Ô gens de peu de foi que nous sommes, une mouche nous fait peur, la moindre difficulté nous abat le courage ; il n'y a qu'à prendre une bonne résolution. Dieu ne peut donner que de bons conseils, l'on ne peut mieux faire que de les suivre avec générosité.

L'oraison est encore la vertu qui nous rend plus semblables aux Anges ; aussi les a-t-on vus assister d'une manière extraordinaire toutes les personnes qui en sont dans l'exercice. Saint Bernard eut un jour la consolation de les voir marquer les prières de ses religieux, des uns en lettres d'or, des autres en lettres d'argent, de quelques-uns avec de l'encre, et de quelques autres avec de l'eau, selon la ferveur ou la tiédeur de leur disposition intérieure.

On peint ces esprits célestes nu-pieds et marchant sur les nues, pour nous marquer leur entier dégagement de toutes les choses de la terre. Ils ne respirent que Dieu seul, et ils sont saintement jaloux des moindres choses qui regardent ses divins intérêts. Saint Jérôme rapporte sur ce sujet une chose bien terrible, et qui fait assez voir que les Anges sont jaloux des intérêts de leur Souverain. Hymetius, mari de Prétextat, et oncle de la vierge Eustochium, avait commandé à sa femme de parer cette vierge, et de la rendre belle aux yeux des hommes, pensant par là lui faire passer toutes les inclinations qu'elle avait pour la virginité. Mais l'Ange du Seigneur, saintement indigné, parut à cette femme, qui avait exécuté les volontés de son mari, et lui dit ces paroles rapportées par le Père de l'Église que je viens de citer : Vous avez donc été assez hardie que de préférer le commandement d'un mari à celui de Jésus-Christ, et vous avez eu la témérité de toucher le chef d'une vierge avec vos mains sacrilèges ? Ces mains sécheront tout maintenant, afin que cette peine vous fasse connaître ce que vous avez fait, et dans cinq mois vous serez conduite dans le chemin des enfers ; et si vous persévérez dans votre crime, vous perdrez tout à la fois votre mari et vos enfants. Or ce grand docteur de l'Église assure que tout cela arriva comme l'Ange l'avait prédit.

Si vous voulez donc être dévot des saints Anges, il faut tâcher de leur plaire ; et pour leur plaire, il faut être dans la solide pratique de la vertu. Étudiez-vous particulièrement avec le secours du ciel, à acquérir celles qui leur sont plus agréables, et qui vous sont plus nécessaires, et en même temps apportez tous les soins possibles à détruire en vous tout ce qui peut leur déplaire. Déclarez donc une guerre continuelle au péché, et surtout à l'impureté. Saint Basile disait que ce péché éloignait de nous nos saints Anges, comme la fumée chassait les abeilles, et la puanteur les colombes. L'on rapporte de ce Saint, qu'étant ordinairement favorisé d'une vision céleste auparavant que de célébrer les saints mystères, en étant un jour privé, il apprit que c'était à raison d'un diacre qui était présent, qui était tombé dans l'impureté ; et l'ayant fait retirer, il jouit aussitôt du même privilège. L'Ange de sainte Françoise, la grande dévote de ces aimables favoris de Jésus et de Marie, paraissant en forme visible, se cachait les yeux à la moindre faute ou imperfection qui se commettait en sa présence. Prenez donc bien garde de rien faire qui puisse offenser des yeux qui vous regardent toujours ; et comme nous avons tous quelque inclination prédominante, quelque humeur qui nous attache davantage, et qui est la source de presque tous nos dérèglements, appliquez-vous à combattre cette humeur en l'honneur des saints Anges ; faites-en des examens particuliers de temps en temps, voyez si vous vous en corrigez ; prenez à tâche d'offrir tous les jours à votre saint ange quelque mortification de cette humeur, de cette inclination ; c'est le présent le plus agréable que vous lui puissiez faire, et souvenez-vous que ce n'est pas une légitime excuse, de dire que c'est notre faible : ceux qui sont en enfer y sont allés par leur humeur qu'ils n'ont pas domptée, par ce faible qui les a fait perdre. C'est par où le diable prend les hommes, et gagne les âmes ; c'est là où il nous faut veiller davantage, où nous avons plus besoin de la protection angélique.

Saint Bernard conseille de nous souvenir souvent de la présence de notre Ange Gardien, pour ne pas tomber en nos défauts. Cette pensée est grandement utile, et nous aide beaucoup à nous surmonter. C'est une chose merveilleuse, que les anciens philosophes ont même conseillée. Un de ces philosophes rapporte que c'était le sentiment de Platon, selon que je l'ai lu dans le livre de l'Ange Gardien du père Drexelius, où ce philosophe dit que tous les hommes ont des témoins invisibles qui sont toujours auprès d'eux, et qui regardent non-seulement leurs actions, mais encore leurs pensées ; et qu'après la mort d'un chacun, le témoin qui l'a gardé le conduit au jugement qui se fait de sa vie, selon le témoignage qu'il en rend. C'est pourquoi, continue cet homme, vous tous, qui en m'écoutant entendez le sentiment divin de Platon, disposez toutes vos actions et toutes vos pensées comme des gens qui devez savoir que vous n'avez rien de caché à ces témoins ou Gardiens, soit au dedans soit au dehors de vous. Ensuite il en marque la protection : mais il faut, déclare-t-il, que ce témoin soit religieusement honoré et connu, comme il l'a été de Socrate, par son innocence et justice. Ne diriez-vous pas que c'est un Chrétien qui parle ? et croirait-on que ces pensées ont été les sentiments d'un infidèle ?

DOUZIÈME PRATIQUE

PROCURER PAR TOUTES SORTES DE VOIES L'ÉTABLISSEMENT DE LA DÉVOTION DES NEUF CHŒURS DES SAINTS ANGES.

Si les saints Anges font tout ce qui se peut faire pour le service des hommes, les hommes sont bien obligés de ne se pas épargner, et de se servir de tous les moyens possibles dans l'ordre de Dieu pour l'augmentation de leur gloire ; et puisque non-seulement les Anges du dernier chœur, mais les Anges de toutes les hiérarchies veillent avec amour sur nous, nos reconnaissances doivent être générales, aussi bien que nos devoirs ; et puis Dieu seul est le grand et pressant motif qui nous doit faire agir et comme il règne dans tous les Chœurs des Anges, et d'une manière plus spéciale dans ceux qui sont les plus élevés, qui ont plus aimé ce Dieu tout aimable, et qui en ont été plus aimés, c'est ce qui nous doit suffire pour leur avoir à tous une singulière dévotion, et pour la procurer dans les autres par toutes sortes de voies. Un bon cœur entrera volontiers dans ces justes sentiments : il ne faut qu'aimer pour en être persuadé, et prendre de fortes résolutions de travailler de toutes ses forces à l'établissement de la gloire des Anges.

Si vous me demandez après cela ce que vous avez à faire, je vous ai tout dit en vous disant que vous devez n'omettre rien, que vous devez tout faire, et travailler de toutes vos forces, dans l'ordre de Dieu, à l'établissement de la dévotion des saints Anges. Faites réflexion sur ce peu de paroles, et vous verrez qu'elles vous fournissent une ample matière ; et que si vous les entendez bien et les pratiquez, on pourra croire que votre amour pour les Anges est bien sincère ; seulement souvenez-vous d'avoir de l'amour pour des objets si aimables ; car s'il est véritable, je n'ai encore qu'à vous dire le beau mot de saint Augustin : Aimez, et faites ce qu'il vous plaira. L'amour est tout plein d'industrie et de riches inventions ; il vous en insinuera tout plein pour faire honorer ces princes du ciel ; car c'est le propre de l'amour cordial et véritable.

Cependant, pour vous dire simplement mes pensées, il me semble qu'un des moyens qui peut servir à les faire honorer, c'est de distribuer des images de ces glorieux Esprits, et particulièrement dans les campagnes, à ces pauvres gens qui les habitent ; comme aussi aux pauvres des villes, où l'on trouve de l'ignorance plus que l'on ne pense ; l'expérience faisant voir que grande quantité de personnes, même dans les plus grandes villes, ne savent pas les mystères de notre sainte religion. On peut insinuer aux riches et à ses amis d'en avoir dans leurs chambres ; leur vue porte à ce qu'elles représentent, et touche souvent sensiblement le cœur. Saint Chrysostome ayant vu l'image du saint Ange qui défit l'armée de Sennachérib, en fut touché jusqu'aux larmes. Si on a le moyen d'en donner des tableaux pour placer dans les églises, en quelque chapelle ou autel, c'est un moyen excellent pour en donner la dévotion aux peuples. Constantin-le-Grand fit faire quatre images des saints Anges ; mais elles étaient d'une grandeur extraordinaire, et toutes brillantes de l'éclat des pierres précieuses dont elles étaient richement ornées.

Un autre moyen excellent, et l'un ce me semble des meilleurs, est de faire une bonne et ample distribution des livres composés en leur honneur, ou d'inviter doucement à avoir de ces livres. Je ne sais rien qui soit plus capable de procurer leur honneur. Ce moyen renferme presque tous les autres, puisqu'il les enseigne et les donne. Entre plusieurs de ces livres, l'*Horloge de l'Ange Gardien*, du père. Drexelius ; la *Dévotion aux Anges*, du père de Barry ; la *Dévotion aux Anges*, du père Nouet : la *Dévotion des saints Anges Gardiens*, du père de Coret, tous quatre religieux de la Compagnie de Jésus, inspirent avec tant de douceur et de force l'amour et le culte de ces bienheureux esprits, que j'estime qu'il est très difficile de les lire sans en être vivement touché, et sans concevoir de grands désirs de les honorer grandement le reste de sa vie.

Les personnes qui ont des richesses, contribueront beaucoup à la gloire des Anges, de les employer à l'édifice de quelque église, chapelle, ou autel en leur honneur ; et cela d'autant plus qu'elles ne travailleront pas seulement pour les saints Anges pendant leur vie, mais autant de temps que ces édifices dureront, qui serviront d'occasion à toutes sortes de personnes pour les honorer, et à un grand nombre qui n'y auraient jamais pensé. Ç'a été la dévotion de Constantin, empereur, qui fit bâtir deux magnifiques temples en l'honneur de saint Michel. L'empereur Justinien en fit bâtir six en l'honneur de ce saint Archange et des autres Anges. Sainte Hélène en fit édifier en l'honneur de ces mêmes Intelligences, au lieu où l'on croit qu'apparut l'Ange aux pasteurs. Il y en a qui ne pouvant fournir à une si grande dépense, peuvent au moins donner des ornements à leurs chapelles, y faire brûler des cierges, et y donner des tableaux. Nous avons dit en un autre lieu que Jules III, souverain Pontife, dédia une église en l'honneur des sept premiers princes qui sont auprès du trône de Dieu.

Les prédicateurs zélés serviront beaucoup à l'établissement de la dévotion des Anges, s'ils veulent en instruire les peuples, et de temps en temps les y animer puissamment. J'en connais qui seraient bien fâchés de passer par un lieu sans y donner quelque sermon touchant ces glorieux Esprits ; et les effets qui en arrivent font connaître que ce moyens est l'un des plus avantageux : il ne tiendra qu'aux prédicateurs que Dieu appelle à prêcher en différentes villes et provinces, de s'en servir utilement ; et je ne doute pas, si cela était, que l'on ne vît dans peu, avec consolation, la dévotion des saints Anges établie de tous côtés. Qui empêcherait un prédicateur, pendant son Avent et Carême, de destiner un jour ou deux pour y donner des sermons en leur honneur ? Les missionnaires pendant leurs missions pourraient facilement faire la même chose, y ajoutant quelques catéchismes pour instruire les âmes de leurs perfections et bontés. Les personnes séculières peuvent fonder ces sermons et catéchismes en quelques églises, donnant quelque revenu pour cette fin. Un maître de famille en sa maison, un père parmi ses enfants, une personne à la campagne parmi les paysans, ou en la visite de quelques pauvres, ou lorsqu'on leur donne l'aumône, peuvent établir cette dévotion, en apprenant ce que l'on doit croire des Anges, et les secours que les hommes en reçoivent, insinuant quelques pratiques pour leur rendre ses devoirs, les faisant faire par ceux sur qui on a quelque pouvoir, et rapportant quelques exemples qui y portent et y incitent. On peut faire la même chose parmi ceux avec qui l'on voyage, prenant occasion de tant d'Anges qui sont dans les lieux par où l'on passe, les saluant même publiquement et devant les autres, pour avoir sujet de s'en entretenir.

Les archidiacres et autres visiteurs des églises paroissiales peuvent exhorter tous les curés de faire tous les ans quelques exhortations ou catéchismes touchant cette dévotion. C'est encore un des plus grands moyens de l'établir de tous côtés. Les visiteurs réguliers peuvent aussi beaucoup y contribuer dans les monastères et couvents de leurs juridictions ; tous les supérieurs dans les maisons qui dépendent d'eux, mais surtout les prélats dans leurs évêchés, établissant quelque association en l'honneur de ces nobles esprits dans beaucoup de lieux de leurs diocèses, recommandant de temps en temps à leurs curés et aux prédicateurs, pendant l'Avent et le Carême, d'en instruire les peuples, témoignant en cela les désirs qu'ils en ont, et donnant à connaître combien ce leur sera une chose agréable.

Enfin, les personnes zélées peuvent se voir, pour traiter ensemble des moyens d'établir et augmenter cette dévotion ; elles pourront en parler aux prélats avec lesquels elles ont quelque accès, aux curés et autres supérieurs ; elles pourront en écrire dans les provinces où elles ont de l'habitude, y faire de saintes liaisons pour ce sujet, y envoyer quelques livres et y procurer quelque sainte association.

CONCLUSION DE CE PETIT OUVRAGE, PAR LE DESSEIN D'UNE ASSOCIATION EN L'HONNEUR DES NEUF CHŒURS DES ANGES

Il y a plusieurs confréries ou associations, dont les fins sont bien différentes ; car les unes ont pour fin la délivrance de quelque mal temporel, quoique Dieu y soit considéré principalement et en premier lieu, ce qui est absolument nécessaire : ainsi l'on voit des confréries en l'honneur de saint Sébastien, pour être préservé de la peste, et d'autres en l'honneur de saint Firmin, pour être délivré de la goutte. Il y en a d'autres qui ne regardent que l'intérêt spirituel, comme, par exemple, pour obtenir la grâce d'une bonne mort, et d'être délivré de l'enfer. Or celle dont nous parlons n'aura qu'une seule et très unique vue en toutes choses, le seul intérêt de Dieu seul, dans un entier oubli de tout ce qui n'est pas Dieu : et comme il y va de son intérêt que l'empire de Jésus et de Marie soit établi par toute la terre, elle aurait pour fin cet heureux règne de cet adorable Roi, et de cette grande Souveraine des Anges et des hommes. Il y a tant de gens qui sont occupés par tout le monde de leurs propres intérêts et des intérêts des créatures leurs semblables ; c'est l'intérêt qui donne le branle et le mouvement à toutes choses, qui est la cause de la division des plus proches, de toutes les disputes et procès, des tristesses, des ennuis, des inquiétudes, des guerres dans les états, des empressements dans toutes les affaires, du trouble dans les consciences, et enfin de tous les malheurs que nous voyons en cette misérable vie. S'il se trouve quelques personnes dégagées de l'intérêt temporel, elles seront attachées avec imperfection à leur intérêt spirituel et il est bien rare de trouver des âmes qui ne veulent plus que Dieu seul. C'est à quoi cette dévotion tâche de remédier, ne considérant que le pur intérêt de Dieu. Hélas ! Toutes les rues des villes sont pleines d'une foule de monde, les palais d'une multitude nombreuse de personnes qui vont, qui courent, qui s'inquiètent pour le propre intérêt. On court la poste, on fait de longs et pénibles voyages, on passe les mers, on s'y expose mille fois à la mort, on va jusqu'aux extrémités de la terre, on abandonne parents, enfants, amis, et tout ce que l'on a de plus doux en la vie pour le soutenir ; on lève des armées, on assemble des soldats, on sacrifie la vie pour sa défense, l'on s'engage dans des états sans vocation, exposant son salut éternel pour l'intérêt du propre honneur, pour posséder le revenu de quelques bénéfices, pour entrer dans quelque charge : l'on y engage le salut de ses enfants : il n'y a que le seul intérêt du grand Dieu des éternités qui est négligé. Hélas ! que font les hommes pour cet intérêt sacré ? Or cette association tend à lier des âmes pour une si noble fin, et à faire de saintes troupes pour le grand roi Jésus et son aimable Mère, qu'il a associée à ses grandeurs, et rendue participante de ses couronnes.

L'association serait en l'honneur de tous les neuf Chœurs des Anges, pour les prier de s'unir avec nous, et faire une sainte union du ciel et de la terre, pour obtenir l'avènement du règne de Dieu. Comme ce sont des Esprits entièrement désintéressés, qui n'ont jamais eu le moindre mouvement pour leur propre intérêt, qui ont été toujours tout perdus dans le pur amour, dans l'amour de Dieu seul, qui ont combattu dès le commencement du monde pour l'intérêt de Dieu, et pour la querelle du Verbe incarné, l'on ne peut choisir de meilleurs protecteurs, ni des intercesseurs plus puissants pour obtenir la grâce du règne du pur amour de Jésus et de Marie. On les honore tous, on les invoque tous, afin d'appeler tout le ciel à notre secours, et rendre notre union plus forte contre la rage de l'enfer et la malice des hommes, qui travaillent sans cesse à la destruction de l'empire de Dieu par l'empire du péché.

Les associés, le jour de leur entrée, ou quelques jours auparavant, feraient une confession générale de toute leur vie, s'ils n'en ont jamais fait, prenant garde, s'ils en ont fait, de ne pas recommencer par scrupule ; ainsi ils ne feront rien en cela que selon l'avis de leur directeur.

Ces confessions sont très nécessaires à la campagne, plusieurs de ces pauvres gens ayant honte de se confesser de leurs péchés aux prêtres avec qui ils sont fort souvent ; c'est pourquoi il est bon que leurs pasteurs, d'eux-mêmes, leur insinuent quelque bon confesseur extraordinaire, prenant garde non-seulement à sa capacité et bonté, mais à la facilité et ouverture de cœur qu'ils y pourront avoir, leur témoignant qu'ils leur feront plaisir d'en user de la sorte, et les y invitant doucement et par plusieurs fois, bien loin de leur en faire froid, et leur en marquer de la répugnance. Outre la honte que l'on a de dire les péchés mortels, le défaut de regret et de dessein de s'en corriger demande une bonne confession générale, par une revue de toute sa vie.

L'on communierait le jour de l'entrée, et tous les ans à la fête de Saint-Michel, le premier jour ou le premier dimanche de mars, et l'on serait exhorté de le faire encore tous les mois au dimanche que l'on aura choisi pour y honorer spécialement les saints Anges.

Tous les jours on réciterait neuf fois le verset *Gloria Patri*, ou neuf fois la Salutation angélique, en l'honneur des neuf Chœurs des saints Anges, et l'on se souviendrait de dire de temps en temps, par forme d'oraison jaculatoire, ces paroles du *Pater, Adveniat regnum tuum* : Ô Seigneur, que votre règne arrive ! mais on les dirait bien plus de cœur que de bouche, entrant dans des désirs ardents de l'empire de Jésus et de Marie.

On choisirait un dimanche le plus commode dans le mois, et le moins occupé ordinairement aux autres dévotions de confréries, comme, par exemple, le troisième ; et dans ce jour, à l'imitation des autres saintes confréries, l'on célébrerait une messe en l'honneur des Anges, si cela se peut commodément, et en cas qu'il y ait plusieurs prêtres en la paroisse, l'office du dimanche ne devant pas être interrompu ; s'il n'y a que le seul curé qui est obligé à la messe paroissiale, on y ferait la procession après vêpres, y chantant des hymnes et répons en l'honneur de ces glorieux Esprits, et l'on y pourrait porter l'image du saint Ange, que l'on ferait faire à ce dessein : on tâcherait d'y donner aussi quelque sermon, ou petit discours, ou instruction au sujet de cette dévotion,

Tous les ans on prendrait un jour plus particulièrement qui serait la grande fête de l'association, comme le jour de saint Michel à la fin de septembre ; ou parce que souvent en ce temps les personnes des villes sont à la campagne, et celles de la campagne dans les occupations qui leur restent de la moisson ou de la vendange, on pourrait prendre le premier dimanche de mars, qui donnerait occasion d'avoir un prédicateur avec facilité, à raison du carême ; ou le dimanche le plus proche après le huitième de mai, que se fait la fête de l'apparition de saint Michel ; et ce jour on demanderait une permission à l'ordinaire d'exposer le très-saint Sacrement, on le porterait en procession, on ferait l'office solennel, il y aurait sermon, et tous les associés ne manqueraient pas d'y communier et de la célébrer avec toute la dévotion possible. La veille, si l'on n'y jeûnait pas hors le temps de carême, au moins l'on y ferait quelque abstinence ; et, pour s'y disposer, l'on ferait la visite de quelque pauvre ou l'on donnerait quelque aumône, si l'on en avait le moyen. L'on visiterait quelque chapelle ou autel dédié à Dieu, sous l'invocation de ces princes du ciel.

Tous les mardis seraient des jours d'une dévotion spéciale, consacrés particulièrement à ces bienheureux esprits. On entendrait la messe ce jour en leur honneur, si la commodité le permettait, et l'on se souviendrait de penser à eux avec encore plus d'application qu'à l'ordinaire. De plus, la fête de Notre-Dame des Anges, qui se célèbre le second d'août, serait dans une vénération très particulière, comme le jour auquel la très-sacrée Vierge est honorée en qualité de leur Souveraine et bien-aimée Dame et Maîtresse.

Il y aurait un registre ou livre pour y écrire les noms de tous les associés de l'un et l'autre sexe qui seraient reçus par le supérieur de l'association, ou par quelque autre député de sa part, sans prendre quoi que ce soit pour la réception des confrères et sœurs, pour donner lieu aux personnes les plus pauvres d'y entrer sans difficulté, laissant à la liberté d'un chacun de donner à sa dévotion pour l'entretien des ornements, luminaires et autres choses nécessaires. Je ne doute pas que dans les grandes villes l'on ne trouve toujours suffisamment pour faire célébrer les messes et pour les autres dépenses nécessaires. Mais comme il est plus difficile dans les villages, on travaillerait à y procurer quelques fondations, ce qui serait aussi à souhaiter pour les villes ; et l'on pourrait recevoir quelque peu de chose, comme, par exemple, deux sous des confrères tous les ans, prenant garde néanmoins à ne rien demander des pauvres ; et pour ce sujet il y aurait un trésorier ou une trésorière qui recevrait ce qui serait donné, et qui en rendrait compte chaque année dans un jour arrêté par la confrérie.

Tous les trois mois, ou au moins deux fois l'année, le supérieur avec les principaux de l'association s'assembleraient pour délibérer des moyens d'établir et d'augmenter la dévotion des saints Anges : et pour cette fin on y lirait le chapitre précédent, qui en donne de différentes vues, chacun proposant simplement les lumières qu'il en aurait.

Tous les confrères se souviendraient que l'association ayant pour fin l'empire de Jésus et de Marie, qui ne s'établit que par la connaissance et l'amour de Dieu, ils ont une obligation spéciale de faire instruire leurs enfants et domestiques des mystères de la foi, et en apprendre eux-mêmes les vérités les plus nécessaires, qu'ils n'ignorent que trop souvent. Ils ne manqueraient pas de les enseigner aux pauvres qu'ils visitent ou à qu'ils donnent l'aumône, de travailler par leurs soins auprès des prélats ou curés, à ce que le catéchisme se fasse avec exactitude ; de procurer, selon leur pouvoir, des missions dans les campagnes, et surtout de contribuer en tout ce qu'ils pourront pour les missions étrangères, qui est le moyen de faire régner Jésus-Christ dans ces pays infidèles assujettis à la tyrannie du démon.

Ils auraient grand soin du très-saint Sacrement de l'autel et de tout ce qui le regarde, comme des ciboires, calices, tabernacles, ornements, corporaux, autels ; et ils tâcheraient de l'accompagner quand on le porte aux malades, gardant une modestie extrême dans nos églises, ayant en horreur les moindres irrévérences qui s'y commettent, n'y parlant jamais, tâchant d'empêcher les immodesties qui s'y font. Ils seraient exhortés à la fréquentation des sacrements avec la disposition requise, à l'oraison mentale, à la lecture des bons livres, à l'examen de conscience, à prier Dieu en commun tous les soirs avec toute leur famille, à assister les pauvres, et à la solide pratique de toutes les autres vertus.

Ils fuiraient avec horreur le péché et toutes les occasions de péché, surtout l'impureté, qui est le péché le plus opposé à la pureté des Anges. Ils éviteraient toutes les choses qui y portent, comme la trop grande familiarité entre personnes de différents sexes, les paroles à double entente, les privautés indécentes, les chansons et lectures qui peuvent choquer le moins du monde les oreilles chastes ; et ils travailleraient à ruiner ce maudit péché, le plus grand ennemi du règne de Jésus-Christ, non-seulement en leurs personnes, mais en toutes celles où ils pourraient avoir de l'accès. Ils tâcheraient de gagner à Notre-Seigneur les âmes malheureusement engagées dans ce vice, et leur donneraient, avec douceur et une charité toute cordiale, toute la subsistance nécessaire pour les en retirer, prenant bien garde de leur donner sujet de continuer dans leurs offenses par le défaut de secours, par leurs rebuts ou certaine dureté de cœur, dont plusieurs répondront sévèrement au rigoureux tribunal de Dieu. Toutes les inimitiés, querelles, médisances doivent être bannies des cœurs des personnes qui font profession d'aimer les Anges ; mais elles doivent aimer ceux qui les haïssent, et faire du bien à ceux qui ne leur font que du mal.

Enfin, dans les grandes villes, l'on pourrait prendre neuf jours, qui seraient destinés pour faire une grande solennité en l'honneur des neuf Chœurs des Anges. L'on pourrait pendant tout ce temps-là exposer le très-saint Sacrement, à l'exception du temps où le peuple s'assemble pour entendre le sermon (c'est une chose qui est bien digne d'être remarquée, car il s'y fait toujours mille irrévérences) : si l'on pouvait, il y aurait tous les jours sermon, et l'office des Anges s'y ferait les jours qui ne seraient pas empêchés ; il y aurait chaque jour une messe solennelle, et un salut au soir, et l'on n'y oublierait rien de ce qui se pratique dans les plus grandes fêtes, et de tout ce qu'une sainte dévotion peut suggérer. L'on choisirait quelque temps pour ce sujet qui serait le plus libre de fêtes, afin de pouvoir, avec plus de liberté, faire l'office des Anges. Il semble que le dimanche de la *Quasimodo* serait fort propre pour commencer cette solennité, arrivant souvent dans le mois d'avril, qui est peu occupé, et puis c'est dans ce temps-là que le monde est plus dans les villes, et par suite qu'il y peut se rencontrer un plus grand concours de peuples.

ORAISON AUX NEUF CHŒURS DES SAINTS ANGES

Esprits bienheureux de la cour céleste, défenseurs invincibles de l'intérêt de Dieu, après avoir adoré, loué, béni et remercié ce Dieu de toute bonté, des grâces incomparables qu'il vous a faites, après vous avoir fait une protestation sincère du meilleur de nos cœurs que nous y prenons toute la part possible, nous réjouissant de vos joies et de la gloire inénarrable que vous possédez ; après vous avoir conjurés de recevoir bénignement la résolution inviolable que nous prenons de vous avoir le reste de nos jours une dévotion très spéciale, et d'en procurer par toutes les voies qui seront en notre pouvoir l'établissement et l'augmentation partout où nous le pourrons ; nous implorons le secours de toutes vos troupes glorieuses, pour l'avancement du règne de l'adorable Jésus et de l'aimable Marie, sur tous les infidèles, hérétiques, schismatiques, sur toutes les personnes véritablement soumises à la sainte religion catholique, apostolique et romaine, et particulièrement sur le souverain Pontife, qui en est l'unique chef visible en terre, et sur tous les autres prélats ; afin que tous les peuples faisant profession d'une même foi, s'attachant à la pureté de ses maximes, menant une vie conforme à ses règles, les sacrés intérêts de Dieu seul vivent et règnent de siècle en siècle dans tous les cœurs. C'est la grâce, ô redoutables princes de la milice céleste, que nous demandons au Père des miséricordes par vos puissantes intercessions ;

c'est la consolation que nous demandons au Dieu de toute consolation, que son nom soit sanctifié, que son règne arrive, que sa volonté se fasse en la terre comme au ciel, que l'empire du péché et des démons soit détruit, que l'Évangile soit annoncé à toutes les nations, qu'il soit reçu par toute la terre, que le saint nom de Dieu y soit honoré et glorifié, que tous les esprits y louent le Seigneur, l'y adorent, l'y aiment et soient dans une entière et parfaite soumission à ses divines volontés. Venez donc, Anges, Archanges, accourez à l'établissement des intérêts de Dieu dans les royaumes et provinces, dans les villes et campagnes, dans toutes les personnes qui y habitent : sacrées Principautés, gouvernez les cœurs, soyez-en les maîtres, pour les assujettir à l'empire de Jésus et de Marie : admirables Puissances, confondez les démons qui s'y opposent, ruinez les desseins de l'enfer et la malice de tous les sorciers et magiciens, et autres ennemis de Dieu : divines Vertus, faites marcher les âmes dans les solides voies du divin amour : glorieuses Dominations, découvrez, pour ce sujet, aux hommes la volonté divine sur eux : aimables Trônes, établissez dans le plus intime de leurs cœurs la paix que Notre-Seigneur nous a laissée ; Chérubins, princes de la science du ciel, communiquez-en les belles lumières en notre terre ; et vous, Séraphins, princes du pur amour, faites que les hommes ne vivent que de ses flammes, afin que Dieu seul soit le digne Souverain et le Maître absolu de tout ce que nous sommes, et de tout ce que nous faisons. Ainsi soit-il, ainsi soit-il. Dieu seul, Dieu seul, Dieu seul.

ADDITION

Dieu qui a commandé que la lumière sortit des ténèbres, et qui appelle les choses qui ne sont pas comme celles qui sont, ayant bien voulu tirer sa gloire de mon abjection et de mon rien, a répandu une bénédiction si abondante sur ce petit livre de *La dévotion aux neuf Chœurs des saints Anges*, que sa divine providence, toujours ma très bonne et très fidèle mère, m'a fait donner au public, que les étrangers l'ont traduite en leur langue, et même un ex-provincial des religieux de la Compagnie de Jésus en Pologne, l'ayant traduite en polonais, s'est encore obligé par voeu de la traduire en langue latine : c'est ainsi, comme parle l'Apôtre aux Corinthiens, que Dieu choisit ceux qui semblent sans esprit dans le monde pour confondre les sages, et les faibles pour confondre les puissants, et qu'il se sert de ceux qui sont vils et misérables, et de ceux qui ne sont rien, afin qu'aucun homme ne se glorifie devant lui.

Ayant parlé des profanations qui arrivent à l'égard du sacré corps de Notre-Seigneur, nous croyons devoir avertir que le grand moyen pour empêcher un grand nombre qui arrivent par le détachement des particules, qui souvent tombent par terre, lorsque l'on communie les peuples, est d'attacher le couvercle au ciboire, le portant sous la bouche de ceux qui communient, pour les recevoir ; c'est pour ce sujet qu'aux grandes messes le diacre porte la patène, et la met sous la bouche de ceux qui communient.

LITANIES DES SAINTS ANGES

S eigneur, ayez pitié de nous.
Jésus, ayez pitié de nous.
Seigneur, ayez pitié de nous.
Jésus, écoutez-nous.
Jésus, exaucez-nous.
Père céleste, vrai Dieu, ayez pitié de nous.
Fils de Dieu, rédempteur du monde, ayez pitié de nous.
Saint-Esprit, vrai Dieu, ayez pitié de nous.
Sainte Trinité, un seul Dieu, ayez pitié de nous.
Sainte Marie, Reine des Anges, priez pour nous.
Saint Michel, priez pour nous.
Saint Gabriel, priez pour nous.
Saint Raphaël, priez pour nous.
Saints Séraphins, priez pour nous.
Saints Chérubins, priez pour nous.
Saints Trônes, priez pour nous.
Saintes Dominations, priez pour nous.
Saintes Vertus, priez pour nous.
Saintes Puissances, priez pour nous.
Saintes Principautés, priez pour nous.
Saints Archanges, priez pour nous.

Saints Anges, priez pour nous.

Vous qui environnez le trône sublime et élevé du grand Dieu, priez pour nous.

Vous qui chantez incessamment devant Dieu, *Saint, Saint, Saint, Dieu des armées*, priez pour nous.

Vous qui dissipez nos ténèbres et éclairez nos esprits, priez pour nous.

Vous qui annoncez les choses divines, priez pour nous.

Vous qui avez de Dieu la charge de garder les hommes, priez pour nous.

Vous qui contemplez toujours la face du Père céleste, priez pour nous.

Vous qui avez une grande joie de la conversion d'un pécheur, priez pour nous.

Vous qui avez retiré le juste Loth du milieu des pécheurs, priez pour nous.

Vous qui montiez et descendiez par l'échelle de Jacob, priez pour nous.

Vous qui avez donné la loi de Dieu à Moïse sur la montagne de Sinaï, priez pour nous.

Vous qui avez annoncé la joie au monde en la naissance du Sauveur, priez pour nous.

Vous qui lui avez servi dans le désert, après son jeûne de quarante jours, priez pour nous.

Vous qui avez porté le Lazare au sein d'Abraham, priez pour nous.

Vous qui avez paru en habits blancs auprès du sépulcre de Jésus, priez pour nous.

Vous qui avez parlé au disciple aussitôt que Jésus fut monté au ciel, priez pour nous.

Vous qui accompagnez Jésus en son dernier jugement, priez pour nous.

Vous qui présentez nos oraisons à Dieu, priez pour nous.

Vous qui nous fortifiez au dernier combat, à l'heure de la mort, priez pour nous.

Vous qui tirez du purgatoire les âmes qui sont assez purgées, priez pour nous.

Vous qui faites les miracles par la puissance divine, priez pour nous.

Vous qui présidez aux états et monarchies, priez pour nous.

Vous qui avez délivré les amis de Dieu des prisons et autres dangers, priez pour nous.

Vous qui avez consolé les martyrs dans leurs tourments, priez pour nous.

Vous qui protégez d'un soin particulier les prélats et les princes, et tous les ordres et hiérarchies des bienheureux esprits, priez pour nous.

De tout malheur et danger, délivrez-nous, Seigneur.

De toute attaque et malice du démon, délivrez-nous, Seigneur.

De tout schisme et hérésie, délivrez-nous, Seigneur.

D'une mort soudaine et surprenante, délivrez-nous, Seigneur.

De la mort et damnation éternelle, délivrez-nous, Seigneur.

Agneau de Dieu, qui effacez les péchés du monde, pardonnez-nous, Seigneur.

Agneau de Dieu, qui effacez les péchés du monde, exaucez-nous, Seigneur.

Agneau de Dieu, qui effacez les péchés du monde, ayez pitié de nous, Seigneur.

V : Seigneur, exaucez ma prière.

R : Et que mes cris parviennent jusqu'à vous.

ORAISON

Seigneur, qui partagez avec un ordre admirable les divers ministères et fonctions des Anges et des hommes, accordez-nous, par votre grâce, que ceux qui assistent toujours dans le ciel en votre présence, pour vous servir, défendent aussi notre vie sur la terre. Ainsi soit-il.

PRIÈRE À TOUS LES ANGES

Ô Anges si saints et si purs ! Esprits véritablement bienheureux, qui assistez devant votre Seigneur et qui contemplez avec une si grande joie le divin visage de ce Salomon céleste, qui vous a communiqué une sagesse si éclairée, qui vous a ennoblis de tant de prérogatives et vous a rendus dignes d'une gloire si éminente ; vous, dis-je, qui êtes ces brillantes étoiles qui paraissez avec tant d'éclat dans le ciel empyrée, répandez, je vous prie, dans mon âme vos bienheureuses influences. Conservez ma foi dans sa pureté, mon espérance dans sa fermeté, mes mœurs dans leur intégrité, et faites que j'avance toujours dans l'amour de Dieu et du prochain ; je vous prie encore, ô bienheureux Anges, qu'il vous plaise, par votre céleste pouvoir, me conduire dans la voie de l'humilité, dont vous nous avez montré l'exemple dès vos heureux commencements, afin qu'après cette vie, je mérite de contempler avec vous la souveraine beauté du Père céleste et d'être mis en la place de quelqu'une de ces étoiles qui, par leur orgueil, sont autrefois tombées du ciel.

Également du même auteur

Copyright © 2025 by ALICIA EDITIONS
Crédits image : Canva,
File:Luigi alamanni (attr.), cristallino (par. IX), MP 75, c. 92r beatrice psiega a dante.JPG;
Sailko; Biblioteca Medicea Laurenziana manuscripts; CC BY 3.0; https://commons.wikimedia.org/wiki/User:Sailko?uselang=fr;
https://commons.wikimedia.org/wiki/File:Luigi_alamanni_(attr.)_cristallino_(par._IX),_MP_75,_c._92r_beatrice_psiega_a_dante.JPG?uselang=fr
Tous droits réservés

www.ingramcontent.com/pod-product-compliance
Lightning Source LLC
LaVergne TN
LVHW092010090526
838202LV00002B/85